MULHERES
DE TODOS
OS TEMPOS

© Oficina Raquel, 2021

EDITORES Raquel Menezes e Jorge Marques
ASSISTENTE EDITORIAL Yasmim Cardoso
REVISÃO Oficina Raquel
PROJETO GRÁFICO Bloco Gráfico

Dados Internacionais de Catalogação na Publicação (CIP)

E77p
Espanca, Florbela [1894-1930]
  Poemas e contos / Florbela Espanca
  Rio de Janeiro: Oficina Raquel, 2021
  120 pp. [Mulheres de todos os tempos]

ISBN 978-65-86280-57-9

1. Poesia portuguesa 2. Contos portugueses
I. Título II. Série.

CDD P869.1   CDU 821.134.3-1-34

Bibliotecária: Ana Paula Oliveira Jacques / CRB-7 6963

Todos os direitos reservados à Editora
Oficinar LTDA ME. Proibida a reprodução
por qualquer meio mecânico, eletrônico,
xerográfico etc., sem a permissão por escrito
da editora.

www.oficinaraquel.com.br

FLORBELA ESPANCA
POEMAS E CONTOS

oficina
raquel

APRESENTAÇÃO
RELER FLORBELA ESPANCA 7

POEMAS
DEDICATÓRIA 11
AMAR 12
FANATISMO 13
HORAS RUBRAS 14
EU 15
VAIDADE 16
CASTELÃ DE TRISTEZA 17
TORTURA 18
LÁGRIMAS OCULTAS 19
TORRE DE NÉVOA 20
A MINHA DOR 21
DIZERES ÍNTIMOS 22
AS MINHAS ILUSÕES 23
NAVIOS-FANTASMAS 24
SUAVIDADE 25
NOITE DE SAUDADE 26
TOLEDO 27
SER POETA 28
À MORTE 29
REALIDADE 30
A MULHER (II) 31
AMIGA 32
SAUDADES 33
A NOSSA CASA 34
SUPREMO ENLEIO 35

MINHA CULPA 36
CRUCIFICADA 37
AMBICIOSA 38
NOCTURNO 39
ESCRAVA 40
PARA QUÊ?! 41
CONTO DE FADAS 42
PEQUENINA 43
O MEU MAL 44
FRIEZA 45
OS VERSOS QUE TE FIZ 46
ÚLTIMO SONHO DE SÓROR SAUDADE 47
ESCREVE-ME 48
ANSEIOS 49
LANGUIDEZ 50
ÁRVORES DO ALLENTEJO 51
BALADA 52

CONTOS
A OFERTA DO DIA 55
O AVIADOR 57
A MORTA 65
OS MORTOS NÃO VOLTAM 73
O RESTO É PERFUME 83
AS ORAÇÕES DE SOROR MARIA DA PUREZA 93
O SOBRENATURAL 105

RELER FLORBELA ESPANCA
Raquel Menezes

Florbela Espanca nasceu em 8 de dezembro de 1894, em Vila Viçosa (Alentejo), e, 36 anos depois, na madrugada de 7 para 8 de dezembro, suicidou-se. Florbela, que teve sua obra ignorada tanto pelo leitor quanto pela crítica, teve seus poemas publicados — em vida — em uma pequena tiragem e com recursos próprios. Agora, neste volume que abre a coleção *Mulheres de todos os tempos*, trazemos poemas e contos de Florbela, em uma edição inédita que une as duas verves literárias da autora.

A autora do início do século passado incorpora à sua obra um pós-romantismo, ainda que bastante moderno, e um passeio entre as linhas da fragilidade e da força. Florbela Espanca, numa fala que assume a condição da mulher como potência e marginalidade, ocupa um lugar singular na poesia em língua portuguesa, lugar de abertura, inauguração. Ela tece o amor, ora pelo caminho da solidão, ora pelo da subversão. Quando escolhe percorrer um rumo solitário, convida, não para estar com ela, mas para ser sua *voz*, a personagem Sóror Saudade, uma freira que encontra na espera e no confinamento em um convento a representação do luto.

O *Livro de Sóror Saudade* é uma das obras de Florbela na qual o amor, a angústia, o desejo etc., se fazem presentes, numa dicção moderna, não obstante sua atenção à tradição. Pode-se dizer que o sentimento moderno florbeliano encontra-se num discurso amoroso proferido, em uma ambiência de certo modo decadente, por uma mulher radicalmente senhora de sua própria fala.

Ainda que em Florbela haja a presença da ausência da consumação do erótico e a escolha do estar só, em castidade, ela é capaz de escolher uma linhagem contrária, da ordem da subversão. Quando a trajetória escolhida é a subversiva, em um movimento crescente, Florbela potencializa seu desejo de amar e o coloca em ação. Assim, na sua poesia, mais especificamente no livro *Charneca em flor*, a voz lírica (feminina) passa de amada a amadora, ou seja, de passiva para ativa, de objeto a sujeito.

"Eu quero amar, amar perdidamente" talvez seja o verso de Florbela Espanca que melhor apresenta a obra desta poeta portuguesa. A liberdade desses versos se apresenta não só pelo quantitativo do amor, mas, também, pelo qualitativo. No entanto, é preciso pensar o quanto a quantidade, nesta poética, inaugura um discurso de investigação do eu — "Que me saiba perder, pra me encontrar...".

A poeta do desejo e da "Blasfêmia" é a mesma de "Desalentos" e "Angústias", e é capaz de unir a solidão e a subversão em um mesmo poema. Afinal, embora haja um pedido de permissão para dizer "lindos versos raros" e, contudo, não ter resposta do amado, ela, mesmo assim, *faz* os "lindos versos raros" para o amado e lhe oferece, ainda que implicitamente, a "boca" "sempre linda", no poema intitulado "Os versos que te fiz". Nesse poema solitário, embora o eu lírico *amador* esteja a declarar-se a seu amado, não há resposta, há apenas o "beijo" que "nunca" foi dado.

Essa dicotomia: o amar sem amor em ambivalência com um amor plural — ao mesmo tempo casto e libertário — faz de Florbela um nome perfeito para a estreia da coleção *Mulheres de todos os tempos*.

POEMAS

DEDICATÓRIA

É só teu o meu livro; guarda-o bem;
Nele floresce o nosso casto amor
Nascido nesse dia em que o destino
Uniu o teu olhar à minha dor!

AMAR

Eu quero amar, amar perdidamente!
Amar só por amar: Aqui... além...
Mais Este e Aquele, o Outro e toda a gente...
Amar! Amar! E não amar ninguém!

Recordar? Esquecer? Indiferente!...
Prender ou desprender? É mal? É bem?
Quem disser que se pode amar alguém
Durante a vida inteira é porque mente!

Há uma Primavera em cada vida:
É preciso cantá-la assim florida,
Pois se Deus nos deu voz, foi para cantar!

E se um dia hei-de ser pó, cinza e nada
Que seja a minha noite uma alvorada,
Que me saiba perder... pra me encontrar...

FANATISMO

Minh'alma, de sonhar-te, anda perdida.
Meus olhos andam cegos de te ver!
Não és sequer razão do meu viver,
Pois que tu és já toda a minha vida!

Não vejo nada assim enlouquecida...
Passo no mundo, meu Amor, a ler
No misterioso livro do teu ser
A mesma história tantas vezes lida!

"Tudo no mundo é frágil, tudo passa..."
Quando me dizem isto, toda a graça
Duma boca divina fala em mim!

E, olhos postos em ti, digo de rastros:
 "Ah! Podem voar mundos, morrer astros,
Que tu és como Deus: Princípio e Fim!..."

HORAS RUBRAS

Horas profundas, lentas e caladas
Feitas de beijos sensuais e ardentes,
De noites de volúpia, noites quentes
Onde há risos de virgens desmaiadas...

Oiço as olaias rindo desgrenhadas...
Tombam astros em fogo, astros dementes,
E do luar os beijos languescentes
São pedaços de prata p'las estradas...

Os meus lábios são brancos como lagos...
Os meus braços são leves como afagos,
Vestiu-os o luar de sedas puras...

Sou chama e neve branca e misteriosa...
e sou, talvez, na noite voluptuosa,
Ó meu Poeta, o beijo que procuras!

EU

Eu sou a que no mundo anda perdida,
Eu sou a que na vida não tem norte,
Sou a irmã do sonho, e desta sorte
Sou a crucificada... a dolorida...

Sombra de névoa ténue e esvaecida,
E que o destino amargo, triste e forte,
Impele brutalmente para a morte!
Alma de luto sempre incompreendida!...

Sou aquela que passa a ninguém vê...
Sou a que chamam triste sem o ser...
Sou a que chora sem saber porquê...

Sou talvez a visão que Alguém sonhou,
Alguém que veio ao mundo pra me ver
E que nunca na vida me encontrou!

VAIDADE

Sonho que sou a Poetisa eleita,
Aquela que diz tudo e tudo sabe,
Que tem a inspiração pura e perfeita,
Que reúne num verso a imensidade!

Sonho que um verso meu tem claridade
Para encher todo o mundo! E que deleita
Mesmo aqueles que morrem de saudade!
Mesmo os de alma profunda e insatisfeita!

Sonho que sou Alguém cá neste mundo...
Aquela de saber vasto e profundo,
Aos pés de quem a terra anda curvada!

E quando mais no céu eu vou sonhando,
E quando mais no alto ando voando,
Acordo do meu sonho... E não sou nada! ..

CASTELÃ DE TRISTEZA

Altiva e couraçada de desdém,
Vivo sozinha em meu castelo: a Dor!
Passa por ele a luz de todo o amor...
E nunca em meu castelo entrou alguém!

Castelã da Tristeza, vês?... A quem?...
— E o meu olhar é interrogador —
Perscruto ao longe as sombras do sol-pôr...
Chora o silêncio... nada... ninguém vem...

Castelã da Tristeza, porque choras
Lendo, toda de branco, um livro de horas,
À sombra rendilhada dos vitrais?...

À noite, debruçada, p'las ameias,
Porque rezas baixinho?... Por que anseias?...
Que sonho afagam tuas mãos reais?...

TORTURA

Tirar dentro do peito a Emoção,
A lúcida Verdade, o Sentimento!
— E ser, depois de vir do coração,
Um punhado de cinza esparso ao vento!...

Sonhar um verso d'alto pensamento,
E puro como um ritmo d'oração!
— E ser, depois de vir do coração,
O pó, o nada, o sonho dum momento!...

São assim ocos, rudes, os meus versos:
Rimas perdidas, vendavais dispersos,
Com que eu iludo os outros, com que minto!

Quem me dera encontrar o verso puro,
O verso altivo e forte, estranho e duro,
Que dissesse, a chorar, isto que sinto!!!

LÁGRIMAS OCULTAS

Se me ponho a cismar em outras eras
Em que ri e cantei, em que era qu'rida,
Parece-me que foi noutras esferas,
Parece-me que foi numa outra vida...

E a minha triste boca dolorida,
Que dantes tinha o rir das primaveras,
Esbate as linhas graves e severas
E cai num abandono de esquecida!

E fico, pensativa, olhando o vago...
Toma a brandura plácida de um lago
O meu rosto de monja de marfim...

E as lágrimas que choro, branca e calma,
Ninguém as vê brotar dentro da alma,
Ninguém as vê cair dentro de mim!

TORRE DE NÉVOA

Subi ao alto, à minha Torre esguia,
Feita de fumo, névoas e luar,
E pus-me, comovida, a conversar
Com os poetas mortos, todo o dia.

Contei-lhes os meus sonhos, a alegria
Dos versos que são meus, do meu sonhar,
E todos os poetas, a chorar,
Responderam-me então: "Que fantasia

Criança doida e crente! Nós também
Tivemos ilusões, como ninguém,
E tudo nos fugiu, tudo morreu!..."

Calaram-se os poetas, tristemente...
E é desde então que eu choro amargamente
Na minha Torre esguia junto ao céu!...

A MINHA DOR

A minha Dor é um convento ideal
Cheio de claustros, sombras, arcarias,
Aonde a pedra em convulsões sombrias
Tem linhas dum requinte escultural.

Os sinos têm dobres d'agonia
Ao gemer, comovidos, o seu mal...
E todos têm sons de funeral
Ao bater horas, no correr dos dias...

A minha Dor é um convento. Há lírios
Dum roxo macerado de martírios,
Tão belos como nunca os viu alguém!

Nesse triste convento aonde eu moro,
Noites e dias rezo e grito e choro,
E ninguém ouve... ninguém vê... ninguém...

DIZERES ÍNTIMOS

É tão triste morrer na minha idade!
E vou ver os meus olhos, penitentes
Vestidinhos de roxo, como crentes
Do soturno convento da Saudade!

E logo vou olhar (com que ansiedade!...)
As minhas mãos esguias, languescentes,
De brancos dedos, uns bebés doentes
Que hão de morrer em plena mocidade!

E ser-se novo é ter-se o Paraíso,
É ter-se a estrada larga, ao sol, florida,
Aonde tudo é luz e graça e riso!

E os meus vinte e três anos... (Sou tão nova!)
Dizem baixinho a rir: "Que linda a vida!..."
Responde a minha Dor: "Que linda a cova!..."

AS MINHAS ILUSÕES

Hora sagrada dum entardecer
D'Outono, à beira mar, cor de safira,
Soa no ar uma invisível lira...
O sol é um doente a enlanguescer...

A vaga estende os braços a suster,
Numa dor de revolta cheia de ira,
A doirada cabeça que delira
Num último suspiro, a estremecer!

O sol morreu... e veste luto o mar...
E eu vejo a urna de oiro, a baloiçar,
À flor das ondas, num lençol d'espuma.

As minhas Ilusões, doce tesoiro,
Também as vi levar em urnas d'oiro,
No mar da Vida, assim... uma por uma...

NAVIOS-FANTASMAS

O arabesco fantástico do fumo
Do meu cigarro traça o que disseste,
A azul, no ar, e o que me escreveste,
E tudo o que sonhastes e eu presumo.

Para a minha alma estática e sem rumo,
A lembrança de tudo o que me deste
Passa como o navio que perdestes,
No arabesco fantástico do fumo...

Lá vão! Lá vão! Sem velas e sem mastros,
Têm o brilho rutilante de astros,
Navios-fantasmas, perdem-se à distância!

Vão-me buscar, sem mastros e sem velas,
Noiva-menina, a doidas caravelas,
Ao ignoto País da minha infância...

SUAVIDADE

Poisa a tua cabeça dolorida
Tão cheia de quimeras, de ideal,
Sobre o regaço brando e maternal
Da tua doce Irmã compadecida.

Hás de contar-me nessa voz tão qu'rida
A tua dor que julgas sem igual,
E eu, pra te consolar, direi o mal
Que à minha alma profunda fez a Vida.

E hás de adormecer nos meus joelhos...
E os meus dedos enrugados, velhos,
Hão de fazer-se leves e suaves...

Hão de pousar-se num fervor de crente,
Rosas brancas tombando docemente.
Sobre o teu rosto, como penas de aves...

NOITE DE SAUDADE

A Noite vem poisando devagar
Sobre a Terra, que inunda de amargura...
E nem sequer a benção do luar
A quis tornar divinamente pura...

Ninguém vem atrás dela a acompanhar
A sua dor que é cheia de tortura...
E eu oiço a Noite imensa soluçar!
E eu oiço soluçar a Noite escura!

Por que és assim tão 'scura, assim tão triste?!
É que, talvez, ó Noite, em ti existe
Uma saudade igual à que eu contenho!

Saudade que eu sei donde me vem...
Talvez de ti, ó Noite!... Ou de ninguém!...
Que eu nunca sei quem sou, nem o que tenho!

TOLEDO

Diluído numa taça de oiro a arder
Toledo é um rubi. E hoje é nosso!
O sol a rir... Viv'alma... Não esboço
Um gesto que me não sinta esvaecer...

As tuas mãos tacteiam-me a tremer...
Meu corpo de âmbar, harmonioso e moço
É como um jasmineiro em alvoroço
Ébrio de sol, de aroma, de prazer!

Cerro um pouco o olhar, onde subsiste
Um romântico apelo vago e mudo
— Um grande amor é sempre grave e triste.

Flameja ao longe o esmalte azul do Tejo...
Uma torre ergue ao céu um grito agudo...
Tua boca desfolha-me num beijo...

SER POETA

Ser Poeta é ser mais alto, é ser maior
Do que os homens! Morder como quem beija!
É ser mendigo e dar como quem seja
Rei do Reino de Aquém e de Além Dor!

É ter de mil desejos o esplendor
E não saber sequer que se deseja!
É ter cá dentro um astro que flameja,
É ter garras e asas de condor!

É ter fome, é ter sede de Infinito!
Por elmo, as manhãs de oiro e de cetim...
É condensar o mundo num só grito!

E é amar-te, assim, perdidamente...
É seres alma, e sangue, e vida em mim
E dizê-lo cantando a toda a gente!

À MORTE

Morte, minha Senhora Dona Morte,
Tão bom que deve ser o teu abraço!
Lânguido e doce como um doce laço
E como uma raiz, sereno e forte.

Não há mal que não sare ou não conforte
Tua mão que nos guia passo a passo,
Em ti, dentro de ti, no teu regaço
Não há triste destino nem má sorte.

Dona Morte dos dedos de veludo,
Fecha-me os olhos que já viram tudo!
Prende-me as asas que voaram tanto!

Vim da Moirama, sou filha de rei,
Má fada me encantou e aqui fiquei
À tua espera... quebra-me o encanto

REALIDADE

Em ti o meu olhar fez-se alvorada
E a minha voz fez-se gorgeio de ninho...
E a minha rubra boca apaixonada
Teve a frescura pálida do linho...

Embriagou-me o teu beijo como um vinho
Fulvo de Espanha, em taça cinzelada...
E a minha cabeleireira desatada
Pôs a teus pés a sombra dum caminho...

Minhas pálpebras são cor de verbena,
Eu tenho os olhos garços, sou morena,
E para te encontrar foi que eu nasci...

Tens sido vida fora o meu desejo
E agora, que te falo, que te vejo,
Não sei se te encontrei... se te perdi...

A MULHER (II)

Ó Mulher! Como és fraca e como és forte!
Como sabes ser doce e desgraçada!
Como sabes fingir quando em teu peito
A tua alma se estorce amargurada!

Quantas morrem saudosas duma imagem
Adorada que amaram doidamente!
Quantas e quantas almas endoidecem
Enquanto a boca ri alegremente!

Quanta paixão e amor às vezes têm
Sem nunca o confessarem a ninguém
Doces almas de dor e sofrimento!

Paixão que faria a felicidade
Dum rei; amor de sonho e de saudade,
Que se esvai e que foge num lamento!

AMIGA

Deixa-me ser a tua amiga, Amor;
A tua amiga só, já que não queres
Que pelo teu amor seja a melhor
A mais triste de todas as mulheres.

Que só, de ti, me venha mágoa e dor
O que me importa a mim?! O que quiseres
É sempre um sonho bom! Seja o que for
Bendito sejas tu por m'o dizeres!

Beija-me as mãos, Amor, devagarinho...
Como se os dois nascêssemos irmãos,
Aves cantando, ao sol, no mesmo ninho...

Beija-mas bem!... Que fantasia louca
Guardar assim, fechados nestas mãos,
Os beijos que sonhei p'ra minha boca!...

SAUDADES

Saudades! Sim... talvez... e por que não?...
Se o nosso sonho foi tão alto e forte
Que bem pensara vê-lo até à morte
Deslumbrar-me de luz o coração!

Esquecer! Para quê?... Ah, como é vão!
Que tudo isso, Amor, nos não importe.
Se ele deixou beleza que conforte
Deve-nos ser sagrado como o pão!

Quantas vezes, Amor, já te esqueci,
Para mais doidamente me lembrar,
Mais doidamente me lembrar de ti!

E quem dera que fosse sempre assim:
Quanto menos quisesse recordar
Mais a saudade andasse presa a mim!

A NOSSA CASA

A nossa casa, Amor, a nossa casa!
Onde está ela, Amor, que não a vejo?
Na minha doida fantasia em brasa
Constrói-a, num instante, o meu desejo

Onde está ela, Amor, a nossa casa,
O bem que neste mundo mais invejo?
O brando ninho aonde o nosso beijo
Será mais puro e doce que uma asa?

Sonho... que eu e tu, dois pobrezinhos,
Andamos de mãos dadas, nos caminhos
Duma terra de rosas, num jardim,

Num país de ilusão que nunca vi...
E que eu moro — tão bom! — dentro de ti
E tu, ó meu Amor, dentro de mim...

SUPREMO ENLEIO

Quanta mulher no teu passado, quanta!
Tanta sombra em redor! Mas que me importa?
Se delas veio o sonho que conforta,
A sua vinda foi três vezes santa!

Erva do chão que a mão de Deus levanta,
Folhas murchas de rojo à tua porta...
Quando eu for uma pobre coisa morta,
Quanta mulher ainda! Quanta! Quanta!

Mas eu sou a manhã: apago estrelas!
Hás de ver-me, beijar-me em todas elas,
Mesmo na boca da que for mais linda!

E quando a derradeira, enfim, vier,
Nesse corpo vibrante de mulher
Será o meu que hás de encontrar ainda.

MINHA CULPA

À Artur Ledesma

Sei lá! Sei lá! Eu sei lá bem
Quem sou? Um fogo-fátuo, uma miragem...
Sou um reflexo... um canto de paisagem
Ou apenas cenário! Um vaivém...

Como a sorte, hoje aqui, depois além!
Sei lá quem sou? Sei lá! Sou a roupagem
Dum doido que partiu numa romagem
E nunca mais voltou! Eu sei lá quem!...

Sou um verme que um dia quis ser astro...
Uma estátua truncada de alabastro...
Uma chaga sangrenta do Senhor...

Sei lá quem sou? Sei lá! Cumprindo os fados,
Num mundo de vaidades e pecados,
Sou mais um mau, sou mais um pecador...

CRUCIFICADA

Amiga... noiva... irmã... o que quiseres!
Por ti, todos os céus terão estrelas,
Por teu amor, mendiga, hei de merecê-las,
Ao beijar a esmola que me deres.

Podes amar até outras mulheres!
— Hei de compor, sonhar palavras belas,
Lindos versos de dor só para elas,
Para em lânguidas noites lhes dizeres!

Crucificada em mim, sobre os meus braços,
Hei de poisar a boca nos teus passos
Pra não serem pisados por ninguém.

E depois... Ah! depois de dores tamanhas,
Nascerás outra vez de outras entranhas,
Nascerás outra vez de uma outra Mãe!

AMBICIOSA

Para aqueles fantasmas que passaram,
Vagabundos a quem jurei amar,
Nunca os meus braços lânguidos traçaram
O vôo dum gesto para os alcançar...

Se as minhas mãos em garra se cravaram
Sobre um amor em sangue a palpitar...
— Quantas panteras bárbaras mataram
Só pelo raro gosto de matar!

Minha alma é como a pedra funerária
Erguida na montanha solitária
Interrogando a vibração dos céus!

O amor dum homem? — Terra tão pisada!
Gota de chuva ao vento baloiçada...
Um homem? — Quando eu sonho o amor dum deus!

NOCTURNO

Amor! Anda o luar todo bondade,
Beijando a terra, a desfazer-se em luz...
Amor! São os pés brancos de Jesus
Que andam pisando as ruas da cidade!

E eu ponho-me a pensar... Quanta saudade
Das ilusões e risos que em ti pus!
Traçaste em mim os braços duma cruz,
Neles pregaste a minha mocidade!

Minh'alma, que eu te dei, cheia de mágoas,
É nesta noite o nenúfar dum lago
Estendendo as asas brancas sobre as águas!

Poisa as mãos nos meus olhos, com carinho,
Fecha-os num beijo dolorido e vago...
E deixa-me chorar devagarinho...

ESCRAVA

Ó meu Deus, ó meu dono, ó meu senhor,
Eu te saúdo, olhar do meu olhar,
Fala da minha boca a palpitar,
Gesto das minhas mãos tontas de amor!

Que te seja propicio o astro e a flor,
Que a teus pés se incline a terra e o mar,
P'los séculos dos séculos sem par,
Ó meu Deus, ó meu dono, ó meu senhor!

Eu, doce e humilde escrava, te saúdo,
E, de mãos postas, em sentida prece,
Canto teus olhos de oiro e de veludo.

Ah, esse verso imenso de ansiedade,
Esse verso de amor que te fizesse
Ser eterno por toda a Eternidade!...

PARA QUÊ?!

Tudo é vaidade neste mundo vão...
Tudo é tristeza; tudo é pó, é nada!
E mal desponta em nós a madrugada,
Vem logo a noite encher o coração!

Até o amor nos mente, essa canção
Que o nosso peito ri à gargalhada,
Flor que é nascida e logo desfolhada,
Pétalas que se pisam pelo chão!...

Beijos de amor! Pra quê?!... Tristes vaidades!
Sonhos que logo são realidades,
Que nos deixam a alma como morta!

Só acredita neles quem é louca!
Beijos d'amor que vão de boca em boca,
Como pobres que vão de porta em porta!...

CONTO DE FADAS

Eu trago-te nas mãos o esquecimento
Das horas más que tens vivido, Amor!
E para as tuas chagas o ungüento
Com que sarei a minha própria dor.

Os meus gestos são ondas de Sorrento...
Trago no nome as letras de uma flor...
Foi dos meus olhos garços que um pintor
Tirou a luz para pintar o vento...

Dou-te o que tenho: o astro que dormita,
O manto dos crepúsculos da tarde,
O sol que é de oiro, a onda que palpita.

Dou-te, comigo, o mundo que Deus fez!
— Eu sou Aquela de quem tens saudade,
A Princesa do conto: «Era uma vez... »

PEQUENINA

À Maria Helena Falcão Risques

És pequenina e ris... A boca breve
É um pequeno idílio cor-de-rosa...
Haste de lírio frágil e mimoso!
Cofre de beijos feito sonho e neve...

Doce quimera que a nossa alma deve
Ao Céu que assim te fez tão graciosa!
Que nesta vida amarga e tormentosa
Te fez nascer como um perfume leve!

O ver o teu olhar faz bem à gente...
E cheira e sabe, a nossa boca, a flores
Quando o teu nome diz, suavemente...

Pequenina que a Mãe de Deus sonhou,
Que ela afaste de ti aquelas dores
Que fizeram de mim isto que sou!

O MEU MAL

À meu irmão

Eu tenho lido em mim, sei-me de cor,
Eu sei o nome ao meu estranho mal:
Eu sei que fui a renda dum vitral,
Que fui cipreste e caravela e dor!

Fui tudo que no mundo há de maior,
Fui cisne e lírio e águia e catedral!
Eu fui, talvez, um verso de Nerval,
Ou um cínico riso de Chanfort...

Fui a heráldica flor de agrestes cardos,
Deram as minhas mãos aroma aos nardos...
Deu cor ao aloendro a minha boca...

Ah! De Boabdil fui lágrima na Espanha!
E foi de lá que eu trouxe esta ânsia estranha!
Mágoa não sei de quê! Saudade louca!

FRIEZA

Os teus olhos são frios como espadas,
E claros como os trágicos punhais;
Têm brilhos cortantes de metais
E fulgores de lâminas geladas.

Vejo neles imagens retratadas
De abandonos cruéis e desleais,
Fantásticos desejos irreais,
E todo o oiro e o sol das madrugadas!

Mas não te invejo, Amor, essa indiferença,
Que viver neste mundo sem amar
É pior que ser cego de nascença!

Tu invejas a dor que vive em mim!
E quanta vez dirás a soluçar:
"Ah! Quem me dera, Irmã, amar assim!... "

OS VERSOS QUE TE FIZ

Deixe dizer-te os lindos versos raros
Que a minha boca tem pra te dizer!
São talhados em mármore de Páros
Cinzelados por mim pra te oferecer.

Tem dolência de veludo caros,
São como sedas pálidas a arder...
Deixa dizer-te os lindos versos raros
Que foram feitos pra te endoidecer!

Mas, meu Amor, eu não t'os digo ainda...
Que a boca da mulher é sempre linda
Se dentro guarda um verso que não diz!

Amo-te tanto! E nunca te beijei...
E nesse beijo, Amor, que eu te não dei
Guardo os versos mais lindos que te fiz.

ÚLTIMO SONHO DE SÓROR SAUDADE

Àquele que se perderá no caminho...

Sóror Saudade abriu a sua cela...
E, num encanto que ninguém traduz,
Despiu o manto negro que era dela,
Seu vestido de noiva de Jesus.

E a noite escura, extasiada, ao vê-la,
As brancas mãos no peito quase em cruz,
Teve um brilhar feérico de estrela
Que se esfolhasse em pétalas de luz!

Sóror Saudade olhou... Que olhar profundo
Que sonha e espera?... Ah! como é feio o mundo.
E os homens vaos! — Entao, devagarinho,

Sóror Saudade entrou no seu convento...
E, até morrer, rezou, sem um lamento,
Por *Um* que se perdera no caminho!...

ESCREVE-ME

Escreve-me! ainda que seja só
Uma palavra, uma palavra apenas,
Suave como o teu nome e casta
Como um perfume casto d'açucenas!

Escreve-me! Há tanto, há tanto tempo
Que te não vejo, amor! Meu coração
Morreu já,e no mundo aos pobres mortos
Ninguém nega uma frase d'oração

"Amo-te! " Cinco letras pequeninas,
Folhas leves e tenras de boninas,
Um poema d'amor e felicidade!

Não queres mandar-me esta palavra apenas?
Olha, manda então... brandas... serenas...
Cinco pétalas roxas de saudade...

ANSEIOS

À minha Júlia

Meu doido coração aonde vais,
No teu imenso anseio de liberdade?
Toma cautela com a realidade;
Meu pobre coração olha que cais!

Deixa-te estar quietinho! Não amais
A doce quietação da soledade?
Tuas lindas quimeras irreais,
Não valem o prazer duma saudade!

Tu chamas ao meu seio, negra prisão!
Ai, vê lá bem, ó doido coração,
Não te deslumbre o brilho do luar!

Não 'stendas tuas asas para o longe
Deixa-te estar quietinho, triste monge,
Na paz da tua cela, a soluçar.

LANGUIDEZ

Tardes da minha terra, doce encanto,
Tardes de uma pureza d'açucenas,
Tardes de sonho, as tardes de novenas,
Tardes de Portugal, as tardes d'Anto,

Como eu vos quero e amo! Tanto! Tanto!
Horas benditas, leves como penas,
Horas de fumo e cinza, horas serenas,
Minhas horas de dor em que eu sou santo!

Fecho as pálpebras roxas, quase pretas,
Que poisam sobre duas violetas,
Asas leves cansadas de voar...

E a minha boca tem uns beijos mudos...
E as minhas mãos, uns pálidos veludos,
Traçam gestos de sonho pelo ar...

ÁRVORES DO ALLENTEJO

Ao Prof Guido Battelli

Horas mortas... Curvada aos pés do Monte
A planície é um brasido... e, torturadas,
As árvores sangrentas, revoltadas,
Gritam a Deus a benção duma fonte!

E quando, manhã alta, o sol posponte
A oiro a giesta, a arder, pelas estradas,
Esfíngicas, recortam desgrenhadas
Os trágicos perfis no horizonte!

Árvores! Corações, almas que choram,
Almas iguais à minha, almas que imploram
Em vão remédio para tanta mágoa!

Árvores! Não choreis! Olhai e vede:
— Também ando a gritar, morta de sede,
Pedindo a Deus a minha gota de água!

BALADA

Amei-te muito, e eu creio que me quiseste
Também por um instante nesse dia
Em que tão docemente me disseste
Que amavas 'ma mulher que o não sabia.

Amei-te muito, muito! Tão risonho
Aquele dia foi, aquela tarde!...
E morreu como morre todo o sonho
Deixando atrás de si só a saudade!...

E na taça do amor, a ambrosia
Da quimera bebi aquele dia
A tragos bons, profundos, a cantar...

Pra que morreste, ó sonho?! Desgraçada!...
E como o rei de Thule da balada
Deitei então a minha taça ao mar...

CONTOS

A OFERTA DO DIA

Um dia, o destino, trôpego velho de cabelos cor da neve, deu-me uns sapatos e disse-me:
— Aqui tens estes sapatos de ferro, calça-os e caminha... Caminha sempre, sem descanso nem fadiga, vai sempre avante e não te detenhas, não pares nunca!... A estrada da vida tem trechos de céu e paisagens infernais; não te assuste a escuridão, nem te deslumbres com a claridade; nem um minuto sequer te detenhas à beira da estrada; deixa florir os malmequeres, deixa cantar os rouxinóis. Quer seja lisa, quer seja alcantilada a imensa estrada, caminha, caminha sempre! Não pares nunca! Um dia, os sapatos hão de romper-se; deter-te-ás então. É que terás encontrado, enfim, os olhos perturbadores e profundos, a boca embriagante e fatal que há-de prender-te para todo o sempre!

Isto disse-me um dia o destino, trôpego velho de cabelos cor da neve.

Calcei os sapatos e caminhei. O luar era profundo; às vezes, cantavam nas matas os rouxinóis... Outras vezes, ao sol ardente do meio-dia desabrochavam as rosas, vermelhas como beijos de sangue; as borboletas traziam nas asas, finas como farrapos de seda, os perfumes delirantes de milhares de corolas! Outras vezes ainda, nem uma estrela no céu, nem um perfume na terra, e eu ouvia a meus pés a voz de algum imenso abismo. Passei pelo reino do sonho, pelo país da esperança e do amor que, ao longe, banhado pelo sol, dá a impressão duma imensa esmeralda, e vi também as terras tristes da saudade, onde o luar chora noite e dia! Não me detive nem um só instante! O coração ficou-me a pedaços dispersos pelos caminhos que percorri, mas eu caminhei sempre, sem fraquejar um só momento!... Há muito tempo que ando, tenho quase cem anos já, os meus cabelos tomam-se da cor do linho, e o meu frágil corpo inclina-se suavemente para a terra, como uma fraca haste sacudida pela nortada. Começo a sentir-me cansada, os meus passos vão sendo vagarosos na estrada imensa da vida!

E os sapatos inda se não romperam!

Onde estareis vós, ó olhos perturbadores e profundos, ó boca embriagante e fatal que há-de prender-me para todo o sempre?!...

O AVIADOR

No veludo glauco do rio lateja fremente a carícia ardente do Sol; as suas mãos doiradas, como afiadas garras de oiro, amarfanham as ondas pequeninas, estorcendo-as voluptuosamente, arfar, suspirar, gemer como um infinito seio nu. Ao alto, os lenços claros, desdobrados, das gaivotas, dizendo adeus aos que andam perdidos sobre as águas do mar... Algumas velas no rio, manchazinhas de frescura no crepitar da fornalha. Mais nada.

Um óleo pintado a chamas por um pintor de génio. As tintas flamejam ainda húmidas: são borrões vermelhos as colinas em volta; doirado, o indistinto turbilhão da casaria ao longe.

A vida estremece apenas, pairando quase imóvel, numa agitação toda interior, condensada em si própria, extática e profunda. A vida, parada e recolhida, cria heróis nos imponderáveis fluidos da tarde.

Os homens, saindo de si, borboletas como salamandras que a chama não queimara, abrem os braços como asas... e pairam! Acima do óleo pintado a chamas por um pintor de génio ascende... o quê? Outra gaivota?... Outra vela?... O Sol debruça-se lá do alto e fica como uma criança que se esquecesse de brincar no trágico assombro do nunca visto! Outra gaivota?... Outra vela?...

Tudo em volta flameja. O pincel de génio dá os últimos retoques ao cenário de epopeia. As tintas têm brilhos de esmaltes. São mais vermelhas as colinas agora, mais doirada a cidade distante.

Os filhos dos homens, cá em baixo, deixam cair nos campos a enxada que faz nascer o pão e florir as rosas; os pescadores largam os remos audaciosos que rasgam os mares e os rios, e os filhos dos homens mais duramente castigados, os que habitam o formigueiro das cidades, param nas suas insensatas correrias de formigas, e todos voltam a face para o céu.

O que anda sobre o rio? Outra gaivota?... Outra vela?...

Lá em cima, a formidável apoteose desdobra-se no meio do pasmo das coisas. É um homem que tem asas! E as asas pairam, descem, redopiam, ascendem de novo, giram, latejam, batem ao sol, mais ágeis e mais robustas, mais leves e mais possantes que as das águias. É um homem! A face enérgica, vincada a cinzel, emerge, extraordinária de vida intensa, na indecisão dos contornos que lhe fazem, vagos e pálidos, um vago pano de fundo; a face e as mãos. É um Rembrandt pintado por um titã.

Os músculos da face adivinham-se na força brutal das maxilas cerradas. Nos olhos leva visões que os filhos dos homens não conhecem. Os olhos dele não se veem; olham para dentro e para fora; são de pedra como os das estátuas e veem mais e mais para além do que as míseras pupilas humanas. São astros.

É um homem! Deixou lá em baixo todo o fardo pesado e vil com que o carregaram ao nascer; deixou lá em baixo todas as algemas, todos os férreos grilhões que o prendiam, toda a suprema maldição de ter nascido homem; deixou lá em baixo a sua sacola de pedinte, o seu bordão de Judeu Errante, e, livre, indómito, sereno, na sua mísera couraça de pano azul, estendeu em cruz os braços que transformou em asas!

Não há uma sombra de nervosismo, uma crispação, naquele perfil de medalha florentina, naquela face moldada em bronze, um bronze pálido que lateja e vibra; não há uma ruga naquele olímpico modelo de estatuária antiga, recortado no oiro em fusão da tarde incendiada. O seu coração, ao alto, é mais uma onda do rio, embaladora, rítmica, na sensualidade da tarde; é uma voz que sussurra, que ele sente sussurrar em uníssono com outra voz que sussurra mais áspera, mais rude —, a voz do coração de aço que, sob o esforço das suas mãos, palpita e responde.

O Sol ascende mais ao alto, vai mais para além, tem agora um fulgor maior, e, sobre o bronze vibrante das mãos -triunfantes, vai pôr a mordedura da sua boca vermelha. São brutais aquelas mãos, formidáveis de esforço, assombrosas de vontade! Esqueceram as carícias e os beijos, o frémito dos contactos inconfessáveis, o trémulo tatear das carnes moças e cobiçadas; deixaram lá em baixo os gestos de doçura e piedade, o aroma das cabeleiras desatadas, a forma dos rostos desejados moldados nas suas palmas nervosas, todas as posses onde se crisparam e os desejos para que se estenderam; perderam as curvas harmoniosas, a tepidez dolente e macia de preciosos instrumentos de amor! Contraíramse em garras e, no alto, crispadas sobre a presa, são elas que algemam, são elas que escravizam, que subjugam as asas cativas!

E, lá no alto, o homem está contente. Como quem atira ao vento, num gesto de desdém, um punhado de pétalas, atira cá para baixo uns miseráveis restos de oiro que levou; do seu oiro de lembranças de que se tinha esquecido. O homem está contente.

E a apoteose continua. O pintor de génio endoideceu; atira sem cambiantes, sem sombras, sem esbatidos, traços como setas que se cravam; arroja brutalmente todos os vermelhos e os oiros da sua paleta, e pinta como quem esmaga em gestos tumultuosos de demente. Donde vem tanto oiro? Prodígio! Miragem! Deslumbramento! Até as velas sangram e as asas, peneiradas de cinza, das gaivotas se encastoam de rutilantes pedrarias raras. É irisado agora o veludo glauco do rio; o sol atira-lhe a rir, como um menino, pródigo e inconsciente, as suas últimas gemas. As colinas, em volta, são mãos abertas de assassino, e o casario, chapeado de luz, é um manto de púrpura rasgado, cujos farrapos vão prender-se ainda nas labaredas do horizonte a arder. O homem está contente. Atira as asas mais ao alto, escalando os cimos infinitos, já fora do mundo, na sensação maravilhosa e embriagadora de um ser que se ultrapassa! Sente-se um deus! As mãos desenclavinham-se, desprendem-se-lhe da terra onde as tem presas um derradeiro fio de oiro... e cai na eternidade.

Tanto azul!... As filhas dos deuses, ondinas, sereias, nereidas, princesas encantadas, acodem todas pressurosas. Há um remoinho de cabeleiras de oiro; os braços são remos de marfim abrindo as águas; trazem nos seios nus a curva doce das ondas, no riso os misteriosos corais das profundidades; arrastam mantos verdes tecidos de algas, como rendas, onde se prendem estrelas; todo o luar prateado que à noite faz fulgir o rio, trazem-no em diadema nos cabelos.

Falam todas a um tempo: Que foi?... Que aconteceu?... e a fala é um arrepio de ondas...

Em volta das asas mortas, são como flores desfolhadas em redor de um esquife negro. E olham...

— É mais um filho dos homens? — pergunta uma, estendendo o braço como uma grinalda de açucenas.

Mas a de cabeleira mais fulva, onde o oiro foi mais pródigo e se aninhou mais vezes, responde num sussurro:

— Não. Não vês que tem asas?

— É então um filho dos deuses? — pergunta outra.

— Não. Não vês que sorri?

E cercam-no, contemplam-no, vão mais perto, quase lhe tocam...

Há um remoinho mais febril nas cabeleiras de oiro; gemem mais fundo, mais melodiosas, as vozes miudinhas, e os mantos, como serpentes, em curvas donairosas, enlaçam-se uns nos outros.

— Tem os cabelos negros como aquele que tombou no mar do Norte...

A de cabeleira mais fulva, onde o oiro foi mais pródigo e se aninhou mais vezes, acerca-se ainda mais... estende o braço a medo... ousa tocar-lhe num gesto mais leve, mais brando que um suspiro... abre-lhe as pálpebras descidas, no ar recolhido de quem abre duas violetas...

Em volta fremem mais fundo as ondas dos seios; as mãos abrem os dedos como faúlhas de estrelas; uma lânguida sereia, divinamente branca, eleva o veludo branco dos braços como duas ânforas cheias.

— Que tem dentro? — pergunta Melusina.

— Estrelas? — diz uma filha de rei.

— Não; duas gotas de água verdes, límpidas, translúcidas, serenas.

Venham ver...

Num turbilhão, entrelaçando as rendas subtis dos mantos roçagantes, confundindo os raios de sol nascente das cabeleiras fulvas, debruçam-se todas, e, no fundo, no seio translúcido das duas gotas de água, veem redopiar as palhetas de oiro das cabeleiras de oiro, veem fulgir os raios luarentos dos diademas, e todas as gotas de água dos seus olhos vogam no fundo, como estrelinhas, tão límpidas, claras, serenas elas são.

Olham-se extáticas todas as deusas das águas; faz-se mais brando o ciciar das vozes; os gestos são finos como hálitos; os mantos verdes empalidecem, são cor das pupilas agora.

Uma segreda:

— Vamos deitá-lo lá no fundo, naquele leito de opalas irisadas que o mar do Oriente nos mandou...

Diz outra:

— Vamos pô-lo naquela urna cie cristal que é como um túmulo aberto donde se avista o céu,..

— Vamos envolvê-lo na mortalha daquele farrapo de luar de Agosto que as ondas nos trouxeram da planície... — murmura outra.

E há vozes, escorrendo como um óleo divino, que ciciam:

— Vamos espalhar sobre ele, como pétalas de oiro, os nossos cabelos loiros...

— Vamos selar-lhe a boca com o coral cor-de-rosa cias nossas bocas em flor...

— Dêmos-lhe, para ele descansar a cabeça, as brandas vagas dos nossos seios nus...

— Para o deitar, eu sei de um sítio onde desabrocham, entre .espumas de neve, rosas mais pálidas que as que eu tinha no meu palácio distante — diz uma filha de rei.

— Eu sei de um túmulo de areia onde a areia é de prata...

— Eu descobri a gruta toda em pérolas cor-de-rosa, onde fica a madrugada... As ondas ali não cantam, poderá dormir descansado...

— Levemo-lo para aquele berço em forma de caravela que destas praias partiu e se perdeu no mar das Tormentas...

O frémito das vozes fazia-se maré alta... as pálpebras violetas palpitavam...

Foi então que uma delas, que tinha no olhar um pouco da nostálgica tristeza humana, que mostrava ainda sinais de algemas nos pulsos de seda branca, que trazia nos cabelos uma vaga cinza de crepúsculo, murmurou, enquanto num gesto, onde havia ainda esfumadas reminiscências de gestos maternais, lhe aconchegava ao peito a mísera couraça de pano azul:

— Deixem-no... Talvez lhe doam as asas quebradas...

Silêncio...

E aquele que tinha sido um filho dos homens ficou a dormir na eternidade como se fora um filho dos deuses.

A MORTA

Isto aconteceu.

A Morta ouviu dar a última badalada da meia-noite, ergueu os braços, e levantou a tampa do caixão. Desceu devagarinho, circunvagou em redor os olhos de pupilas sem luz; os outros mortos, bem mortos, dormiam pesadamente. Puxou para si a porta do jazigo que dava para a noite. O vestido branco manchou o negrume das sombras. Fúnebres ciprestes, almas de tísicos bailavam numa clareira uma macabra dança de roda. Avançou lentamente pela avenida soturna, voltando para eles os glóbulos vítreos dos seus olhos sem luz. Parou um momento, clarão no meio de sombras, a ver um pequenino, nu c branco como um mármore grego, que piedosamente se entretinha a encher de lágrimas uma urna partida, onde as pombas viriam beber de dia. Um suicida, escavando a terra com as unhas, procurava o seu sonho, porque se tinha perdido.

As estátuas descansavam das suas atitudes contrafeitas. A saudade alisava as roupagens roçagantes, e sentava-se com a face entre as mãos, olhando vagamente a noite. Uma musa de curvas sensuais, num túmulo de poeta, cerrava languidamente os olhos e fazia com a boca o gesto de quem beija. Um sapo enorme, de olhos magníficos como estrelas, lançava a sua nota rouca, refastelado num fofo leito de lírios.

A Morta caminhava num passo de morta, um ciciar de brisa na folhagem; os sapatinhos de cetim branco mal poisavam nas pedras do caminho; as pupilas sem luz não tinham olhar, e viam. Â Morta sabia aonde ia.

A Morta ia a lembrar-se, que os mortos também se lembram; na solidão do túmulo há tempo e sossego para lembrar; é lá que as virgens tecem as mais preciosas lhamas dos seus sonhos. Para quem saiba ouvir, há vibrações de carnes mortas nos túmulos brancos das que morreram puras, como que um frémito brando de erva a crescer...

A Morta ia a lembrar-se:

Sentira num êxtase sobre-humano, num assombroso sair de si, numa prodigiosa transfiguração de todas as fibras do seu ser, a pressão de uns dedos quentes que lhe desciam as pálpebras sobre as pupilas paradas. Uma boca, que ela nunca sonhara tão macia e fresca, roçara-lhe a macieza e a frescura da sua, em beijos miudinhos, cariciosos, castos como aquelas gotas de chuva que nas tardes de Verão, infantilmente, recolhia nas suas duas mãos estendidas.

Vestiram-na de branco, ungiram-na de branco, envolveram-na numa nuvem de branco. Era branca a almofada de rendas onde lhe poisaram a cabeça, devagarinho, no gesto sagrado de quem poisa uma relíquia três vezes santa nas rendas de um altar. Brancos, os sapatinhos de cetim, aqueles mesmos que mal roçavam agora as pedras do caminho. Branca, a grinalda de rosas de toucar que lhe prenderam à seda dos cabelos. Branco, o vestido, o seu último vestido do seu último baile. Brancos, os cachos de lilás, as rosas e os cravos que eram como asas de pombas a cobri-la. Branca, a caixinha de sete palmos pequeninos onde a mãe a deitou como a deitara anos a fio na brancura do berço.

E agora, as cartas do noivo, o retrato do noivo, as dulcíssimas recordações do noivo. E, piedosamente, cuidadosamente, não fosse esquecer algum;? pétala de flor, algum fiozinho dos seus lindos cabelos pretos, algum pedacinho de papel onde as queridas mãos morenas lhe tinham traçado o nome, tudo lhe levaram, como uma divina oferta a um ser divinizado. Tudo levou. Parecia que se tinha tornado de repente mais pequenina, mais imaterial, mais acolhedora, para que tudo lá coubesse, para que nada esquecesse, para que nada ficasse a gelar lá fora no frio glacial da indiferença deste mundo que transe as almas e as coisas. Que lhe pusessem tudo, o caixão não pesaria mais por isso... Todo o oiro a jorros das suas misteriosas quimeras, todos os fúlgidos brocados tecidos dos preciosos metais, semeados das gemas cintilantes das suas miragens de amor, todas as altas torres brancas dos seus sonhos, tudo era tão leve, tão leve, que a caixinha de sete palmos pesava menos que uma pena de colibri.

Depois, a tampa da caixinha tombou brandamente entre o ciciar dos soluços, e toda a brancura se apagou; uma noite de luar que se cerrasse em sombras... já foi...

Desceu os degraus da escada, baloiçada no seu esquife branco, com a cabeça, tonta do perfume das flores e dos seus sonhos de amor encerrados com ela, corno se lá tivessem encerrado, numa suprema oferta, todas as primaveras que no mundo tinham de florir depois dela.

E lá a deixaram. A vaga que a levara, quebrara-se de encontro â praia., e o esquife, barco sem velas, dormia no porto ao abrigo dos vendavais, das medonhas invernias desencadeadas, das outras vagas maiores que se quebravam ao longe, num marulhar incessante, no mar alto da vida. A Morta podia dormir, a Morta podia sonhar.

Silêncio. Um silêncio feito de fluidos rumorosos, do vago rastejar de um perfume, de um leve vapor de incenso pairando. Silêncio como um vago clarão de fogo-fátuo, como o rasto, a poalha de um desejo imaterial, silêncio em torno da vasta catedral de sombras onde as sombras vestidas de branco pontificam pelas noites.

Os outros mortos, ao lado, dormiam pesadamente, descansadamente. Um dia tinham pendido os braços num gesto de fadiga e tinham ficado assim pelos séculos dos séculos. A Morta viu-os a todos e de nenhum se lembrou; o mundo ficava longe.

Começou depois o encantamento. Todas as tardes, à hora em que o crepúsculo, todo vestido de glicínias, descia com a doçura dumas pálpebras que se fechassem, o perfume das rosas, dos cachos de lilás, das suas recordações de amor encerradas com ela, fazia-se mais denso, corporizava-se, tornava-se nuvem, unguento divino que a inundava, que a aromatizava toda. Os passos, letras de um poema que cia sabia de cor, mal se ouviam, perdidos ainda no coração da cidade, gritante, alucinada cidade dos vivos... mas, agora, vinham mais perto, distinguiam-se melhor, eram mais arrastados, tateavam o chão, tomavam posse das pedras do caminho da silenciosa cidade dos mortos.

Os sete palmos brancos onde as flores dormiam de encontro à carne branca da virgem eram como um enxame de abelhas de oiro: zumbiam lá dentro todas as litanias de amor, batiam desvairadamente os corações dos cravos, abriam-se sedentas as pequeninas bocas das mil florinhas de lilás, aos seios pálidos das rosas aflorava uma onda levíssima de carmim.

A mão do noivo empurrava a porta do jazigo. Os outros mortos, ao lado, não o sentiam entrar; braços pendentes num gesto de fadiga, tinham ficado assim pelos séculos dos séculos.

Entre o vivo e a morta o diálogo era de uma sobre-humana beleza.

Essência de almas, as almas tocavam-se e era tão cândido e tão profundo aquele choque, que as misteriosas forças desse fluido criavam outros fluidos, sopros, hálitos de almas, desses que os predestinados sentem às vezes passar como asas invisíveis roçando um rosto na escuridão. Diálogo em que as bocas ficavam mudas, em que os sons eram imateriais e os gestos intangíveis e o perfume, que é a alma dos sentimentos, não era mais pesado que uma essência de perfume.

O vivo e a morta falavam, e o que eles diziam não o podem entender os vivos nem talvez mesmo os outros mortos, aqueles que ao lado dormiam pesadamente, braços pendidos num gesto de fadiga pelos séculos dos séculos.

O perfume agora era mais brando, narcisava-se, palpitava ainda como um rufiar de asas cansadas ao chegar ao ninho... A mão do noivo puxava para si a porta do jazigo... os passos perdiam-se ao longe na silenciosa cidade dos mortos, depois na alucinante cidade dos vivos, e tudo se aquietava. Aproximava-se o silêncio, que trazia pela mão, devagarinho, não fosse tropeçar, a noite cega.

Mas, uma tarde, a Morta esperou em vão, e esperou outra e outra e outra ainda em infindáveis horas de infindáveis tardes. Na caixinha de sete palmos onde os cravos e os lilases eram viçosos e frescos ainda, como se uma eterna madrugada os banhasse de orvalho, começaram a enlanguescer os perfumes, a desmaiar os seios nus das rosas; as cartas de amor amareleciam; os braços da virgem iam esboçando já o gesto de fadiga dos outros mortos que ao lado dormiam pesadamente.

Foi então que uma noite mais cega ainda que as outras todas que o silêncio trazia pela mão, uma noite em que ela sentia gotejar lá fora as lágrimas de todo um mundo de que se tinha esquecido, foi então que ela ergueu os braços, levantou brandamente a tampa do caixão, e desceu devagarinho... foi então que ela puxou para si a porta do jazigo que dava para a noite.

E a Morta lá foi pela soturna avenida, no seu passo, de manto a roçagar. Empurrou a porta apenas encostada — para que se há de fechar a porta aos mortos?... — e saiu... e na cidade adormecida foi uma flor de milagre que os vivos sentiram desabrochar. Foram mais ternos os beijos das noivas; as mães sentiram mais calmos os sonhos dos filhos como se a bênção do céu descesse misericordiosa sobre os berços; os braços das amantes ampararam melhor as cabeças desfalecidas, e os que estavam para morrer tiveram pena da vida.

Atravessou ruas ermas, estradas solitárias povoadas de sombras mais vãs e fugidias que ela era; procurou com as suas pupilas sem luz o clarão que as acendera, estendeu os braços a todos os gritos, andou de porta em porta, subiu a todos os lares, revolveu todas as agonias, debruçou-se em todos os abismos, penetrou o mistério de todos os sonhos. E cada vez as sombras eram mais vãs e fugidias, e os clarões iam-se apagando, estrelas-cadentes no negrume cerrado daquele Gólgota. Nada!

Foi então que lhe chegou aos ouvidos um ciciar brandinho... Seriam passos?... Rufiar de asas?... Folhas de Outono tombando?...

E a Morta parou.

Marulho de ondas pequeninas. O rio.

Na taça de prata, cinzelada a traços de maravilha pelas mãos dos génios das águas, erguida ao alto por mãos misteriosas e invisíveis, dormia todo o azul do infinito. O seu vestido branco aureolou-se de sonho, teve tons azulados de nácar e madrepérola, claridades fosforescentes de fogo-fátuo; como se lhe batesse de chapa todo o luar dos céus longínquos, lembrou um manto de Virgem; as mãos, num gesto de graça, foram duas minúsculas conchas azuis. Era ali.

Debruçou-se... Marulho de ondas... E a morta foi mais uma onda, uma onda pequenina, uma onda azul na taça de prata a faiscar...

Isto aconteceu.

De manhãzinha, quando as pombas sedentas vieram beber as lágrimas na urna quebrada, quando o sapo, de magníficos olhos como estrelas, deixou o seu fresco leito de lírios, e a saudade se enrodilhou de novo no sumptuoso túmulo de mármore, a soluçar, quando a musa de curvas sensuais moldou a boca que toda a noite dera beijos na imobilidade rígida das linhas austeras e frias, quando enfim as sombras se esvaíram na silenciosa cidade dos mortos, um caixão foi encontrado vazio, uma caixinha branca de sete palmos pequeninos, onde cartas de amor amareleciam e flores deixavam pender as pálidas cabeças desmaiadas.

OS MORTOS NÃO VOLTAM

— Tenho a certeza de que os mortos não voltam.

O velho e simpático Dr. X, quebrando o silêncio em que se tinha emparedado toda a noite, fez esta estranha afirmação num tom tão perentório, com uma tal firmeza de acentuação, com uma tão grande autoridade, que a sua frase, balde de água gelada na exaltação do grupo, fechou a discussão como por encanto.

— Os mortos não voltam — repetiu.

Todos os olhares convergiram para ele. Impassível, eixo da curiosidade geral, puxou mais a cadeira para o vão da janela aberta de par em par sobre a noite cálida e estrelada de Agosto. Sacudiu a cinza do cigarro, aspirou uma lufada de ar carregado dos -aromas dispersos do jardim e do mar, e continuou tranquilamente:

— Eu explico a minha afirmação... e o tom em que a proferi — acrescentou, com um dos seus belos sorrisos, de cujo encanto tinha o segredo e que eram talvez a mais clara explicação dos seus repetidos triunfos na vida.

— Se a nossa discussão, meus senhores, não é uma discussão ociosa, o que é muito provável, se semelhante coisa pode entrar tanto quanto possível no domínio dos factos experimentais, se tudo isto que acabámos de dizer não é metafísica pura, a minha afirmação de há pouco tem valor, e eu vou dar-lhes a sua explicação. A minha certeza é o fruto de uma experiência que o acaso preparou magistralmente, numa época em que estes problemas apaixonavam os intelectuais, problemas que deram origem aos soberbos trabalhos de Gurnay, primeiro, e, logo a seguir, de Crooks, Lodge, com o seu célebre Raymond, trabalhos que suscitaram todas as curiosidades no mundo pensante. Nessa época, já relativamente afastada e por assim dizer ainda de ontem, que a época trepidante dos sem-fios e dos aviões destronou, não se falava noutra coisa: alucinações telepáticas, visões, lucidez, pressentimentos, aparições objetivas, etc., fenómenos ocultos, misteriosos, discutidos entre a zombaria e a incredulidade de uns e a credulidade medrosa de outros — eis o assunto de toda a conversação de uma ordem mais elevada ou com pretensões a tal. Eu lia tudo quanto se publicava sobre o caso, e hesitante, baloiçado entre a dúvida e a certeza, intuitivamente crédulo e refletidamente descrente, preso deste indefinido mal-estar que nos avassala perante os factos desconhecidos, fora do nosso conhecimento imediato, não conseguia firmar uma opinião, ver esboçar-se o prelúdio de uma vaga certeza.

Até que um dia, ou antes uma noite, o meu espírito sossegou, apoiado a uma absoluta convicção que os factos até hoje não vieram desmentir.

Não, meus senhores, os mortos não voltam. Nada faltou à preparação da magistral experiência que o acaso me fez presenciar: campo experimental, cenário, ambiente particular, emoção elevadíssima, tudo! E, nessa noite, depois das rápidas parcelas de segundo de um voo para além dos limites do consciente, a alma poisou de novo no domínio da vida material sem ter visto, sem ter sentido nada.

O Dr. X. fez uma pausa, olhou a noite recamadinha de estrelas, e pareceu escutar a voz soturna das ondas, rezando o seu cantochão de eterna ansiedade.

— Foi em casa da Senhora L. — principiou ele.

— Você conhece, Veiga — disse, voltando-se para um rapaz alto e loiro, de monóculo —, a deliciosa velhinha que possui, num cenário de maravilha, le dernier salon ou l'on cause. Faz agora anos por estes dias. Festejava-se num jantar íntimo a saída, do colégio, da neta, a endiabrada garota que hoje é mãe não sei já de quantos taludos bebés. Estávamos todos no terraço, depois de jantar, naquele lindo terraço todo em mármore cor-de-rosa, janela escancarada sobre o mar, que parece ter sido idealizado por um paxá das Mil e Uma Noites. Estava eu, a dona da casa, Madame V., os dois irmãos Grey, o Ravara de Melo e aquela linda rapariga que o ano passado professou num convento de Segóvia e que você também conheceu muito bem, Lídia de Vasconcelos. Lembro-me como se o caso se tivesse passado ontem. Não sei que poder evocador se desprende desta noite, da melopeia destas ondas, que misteriosos eflúvios traz consigo o ar que entra por esta janela aberta, o certo é que preciso fazer um esforço para me convencer que isto não se passou ontem, que tantos anos não dispersaram já toda esta gente que evoco. Influência do cenário igual, da noite igual da discussão, talvez...

Os Estoris enchiam-se de pontos luminosos; o céu, de estrelas miudinhas. O Monte lembrava um presépio, como agora, sobre o mar a escurecer, a preparar o mistério das suas bodas com a Lua que vai surgir toda de branco.

Discutia-se um caso de telepatia narrado pelo mais novo dos Grey, aquele místico Robert de uma psicologia tão curiosa. Tinha visto, segundo ele dizia, a mãe entrar no seu quarto, depois de ter atravessado um comprido corredor que levava diretamente à alcova onde meses antes expirara. O caso levantou, como calculam, enorme celeuma. Na mesa ninguém se entendia; falavam todos a um tempo, faziam-se comentários, cada um expunha a sua opinião, contava um caso da sua vida. Houve risos, blagues, e, quando saímos para o terraço, deixando os dançarinos no salão, o Robert continuava, impassível, a garantir a autenticidade da sua história, e nós todos engalfinhados a discuti-la.

Parece-me estar ouvindo o Ravara de Melo, o cético elegante, rir com os seus espirituosíssimos paradoxos a escultural Madame V., aquela loira Madame V. de quem a Lila dizia que trazia a arder na cabeça todas as fogueiras de S. João, o tom de máscula impassibilidade do Robert afirmando, a voz já apagada e tão doce da Senhora L.

O Dr. X. interrompeu o que estava a dizer para acender outro cigarro, rito praticado sempre com um raro deleite de sibarita, precursor do raro prazer de se intoxicar, operação que levava a cabo metodicamente, desde os Paxás da sua adolescência até aos preciosos Abdulas de agora.

— Que linda noite! — murmurou, como se falasse consigo próprio, e, em voz alta, continuando:

— Era uma noite assim; a pouco e pouco fomos adoçando as vozes para não quebrar a harmonia da hora, daquela hora de uma sobrenatural e mágica beleza que todos nós sentimos ser uma pausa na nossa vida brutal, um momento digno de deuses na nossa feia vida de homens, uma hora feita de envolventes bruxedos, tão pesada de perfumes, tão embebida de doçura que, maquinalmente, as mãos quase esboçavam o gesto de se estender para agarrar a hora maravilhosa que sentíamos fugidia e já perdida nos momentos que passam. O riso de Madame V., num dado momento, quase nos chocou como uma falta de tato, uma inconveniência, como se ela se lembrasse de aparecer nua diante de nós todos. De repente, elevou-se no salão a voz da Lila cantando a Balada do Rei de Tule-.

Houve outrora um rei em Tule...

A voz profunda e pastosa entrava na noite como um punhal numa ferida: dilacerava-a. A pungente melodia fez-me subir as lágrimas aos olhos, e ao coração uma turba de recordações que eu julgava perdidas no mar da vida como a taça lendária sobre as águas do mar.

Calámo-nos todos, a ouvir. O ruído das ondas acompanhava em surdina a voz maravilhosa que subia e se espalhava na noite, que parecia concentrar-se e compreender como uma alma. Julguei naquele momento ouvir um soluço abafado, como se uma onda se tivesse quebrado ali mais perto de nós; voltei-me negligentemente como para poisar o cigarro numa mesinha que estava atrás de mim; não vi ninguém, a não ser a Lídia de Vasconcelos que tranquilamente mordiscava um cravo branco. Quando a voz se calou no arrastar dos últimos versos:

E a taça lá vai boiando Por sobre as águas do mar...

fez-se um silêncio que nenhum de nós ousava ser o primeiro a quebrar. Sobressaltou-nos, numa impressão desagradável, a voz roufenha, monótona, do Robert, que num tom peremptório, num tom todo britânico, teimosamente preso à sua ideia, reatava o fio da discussão interrompida: "Os mortos voltam."

A doce Senhora L. não pôde conter um sorriso. Aquele sorriso, naquela ocasião, vinha sublinhar a sua opinião sobre os Ingleses, opinião que eu conhecia e que achava de uma injustiça flagrante; mas vão lá convencer as mulheres da injustiça de uma opinião que elas criaram sozinhas!

A discussão acendeu-se outra vez. Ravara deitou novamente fogo às peças de artifício do seu espírito brilhante. O riso de Madame V. ecoou mais cristalino na noite pura...

Foi então que, de novo, chegou aos meus ouvidos o eco abafado de um soluço. Não havia dúvida, tinha sido um soluço. Voltei-me rapidamente. A Lila continuava a mordiscar o seu cravo branco, mas, olhando-lhe as mãos, compreendi tudo num relance: tremiam como as asas de uma avezinha presa.

O coração apertou-se-me cheio de uma imensa piedade por aquele tristíssimo destino da rapariga. "Vocês sabem a história... talvez", disse ele voltando-se para o grupo que o escutava, e, a um sinal negativo do rapaz de monóculo: "Não? A Lídia estava noiva de um seu camarada, Álvaro Bacelar", disse ele a um oficial da Armada que o ouvia, com uma grande atenção, de pé, encostado ao peitoril da janela; "não, você não pode lembrar-se; isto passou-se há anos, ainda você não tinha entrado sequer na Naval; de um seu camarada que morreu, vítima de um desastre no mar, oito dias antes do marcado para o casamento. O cadáver, apesar de incansáveis pesquisas, nunca mais apareceu. Era um esplêndido rapaz, dotado das mais fortes e sérias qualidades, de uma beleza viril que se impunha. Lembro-me muito bem da cara dele, principalmente dos olhos; tinha um olhar duro, um estranho olhar que nos penetrava como uma verruma, que afirmava, que insistia; mas, quando nos pressentia o vago mal-estar de uma alma que se sente vasculhada, adivinhada até aos seus mais recônditos esconderijos, o olhar mágico dulcificava-se, aveludava-se, transformava-se na suavidade de um olhar quase feminino, lânguido e caricioso. Era realmente um belo rapaz. Lembro-me muito bem dele e da tragédia da sua morte. Nos primeiros dias houve sérios receios de que a noiva enlouquecesse. Eu fui vê-la nessa ocasião; depois, esteve numa casa de saúde na Alemanha, viajou pelo Oriente, foi a Jerusalém. Voltou, passados dois ou três anos, curada, segundo parecia. Reatou os seus hábitos interrompidos, viram-na de novo, mais linda do que nunca, os salões mais chiques da capital, e começaram, é claro, a fazer-lhe a corte. Nova, bonita, rica, porque não? O mundo é dos vivos, os mortos têm o seu à parte. Era natural que a pobre rapariga esquecesse, fizesse por viver, tentasse de novo fundar um lar, desejasse filhos, não é verdade? As mãos geladas de um cadáver não têm o direito de prender eternamente o coração de uma rapariga de vinte anos que crê na vida, mas as deceções, na turba cada vez mais numerosa dos pretendentes, foram-se multiplicando; Lídia de Vasconcelos atendia benevolamente todos, mas não se decidia a escolher nenhum. Vocês compreendem, um morto é um temível rival, um competidor seriíssimo que tem por si as mil vantagens que a ausência e a saudade lhe emprestam. A morte é o Reutlinger das recordações; na objetiva do coração foca-as para sempre em beleza imutável e única. Quando, naquela noite, lhe vi tremer as mãos pequeninas que, num jeito cheio de ansiedade, seguravam o cravo branco, quando a vi olhar num olhar de inexprimível desalento aquele mar, mortalha imensa de um ente que para todos era há muito apenas uma recordação diluída e que para ela era a única realidade existente, tive a impressão nítida de que o seu único, o seu obcecante desejo, naquela ocasião, seria o impossível prodígio de poder erguer, com as suas mãozinhas que tremiam, a ponta daquela mortalha, a dobra daquele grande lençol, e contemplar um minuto, um só minuto, os olhos estranhos, inolvidáveis, do morto. Senti que aquelas mãos só tinham forças para pedir ao destino aquela esmola. O seu vestido de rendas prateadas, na claridade leitosa da Lua, que se elevava acima das ondas, vestia-a de espuma a faiscar. O grande diamante do seu anel de noivado parecia grande e pesado de mais para o seu dedo miudinho e frágil de bebé. Naquele terraço, quase às escuras, fez-me pensar numa imaterial aparição; parecia mais uma onda que tivesse galgado o terraço e que se imobilizasse na expectativa de um prodigioso e inefável milagre." A voz aguda e trocista de Madame V., respondendo à frase do Robert, sobressaltou-me como uma pessoa que, no melhor do seu sono, é acordada brutalmente para a realidade da vida. "Oh Robert, que candura a sua! Estes Ingleses!. ... Você teve muito simplesmente uma má digestão, coisa que acontece a muita gente. Será você sonâmbulo?", acrescentou a rir. Robert abanou gravemente a cabeça, o irmão sorriu com o seu frio, com o seu cortante sorriso saxónico. Vocês não podem fazer uma ideia: nunca vi sorrir um inglês, que não ficasse irritado. Aqueles sorrisos nus e ao mesmo tempo complicados, onde parece não haver nada e onde se adivinha tanta coisa, espicaçam-me como um aguilhão. Ia para responder; não tive tempo. A voz da Senhora L., que naquele momento se elevou, foi um unguento, um calmante no prurido da minha cólera absurda; serenou-me como por magia. Ela dizia, abanando tristemente a cabeça branca, que parecia de prata ao luar:

"Não, Robert, os mortos não voltam e é melhor que assim seja... Que vergonha se voltassem! Onde há por aí uma alma de vivo que se tivesse mantido digna de semelhante prodígio?... Eles vão, e a gente fica e ri e canta e deseja e continua a viver! Mutilados, amputados, às vezes do melhor de nós mesmo, a gente é como estes vermes repugnantes que, cortados aos pedaços, criam novas células, completam-se e continuam a rastejar e a viver! É uma miséria, é, mas é assim!" A voz da Senhora L. perdeu-se num murmúrio, casada ao murmúrio surdo das ondas, lambendo os rochedos da praia. No salão dançava-se animadamente um charleston em voga. Foi então que, na noite pura, na noite silenciosa talhada em horas de imperecível beleza, estalou o grito sobre-humano, o grito que, passados tantos anos, trago ainda nos ouvidos, que foi como que o comentário à margem de todas as minhas dúvidas e incertezas, que consubstanciou em si, no arrastar das suas notas trágicas, a resposta às minhas interrogações em frente ao formidável mistério da morte. Lídia de Vasconcelos tinha-se erguido na cadeira e, voltada para o mar, lívida, irreconhecível, estendera os braços, e soltara num grito, como um arranco, como um desgarrar de fibras, o nome querido: "João!"

Àquele brado de angústia, àquele chamamento, àquele apelo desesperado, a própria noite se enrodilhou cheia de medo e de assombro e todos nos entreolhámos à espera que das ondas surgisse o morto, novo Lázaro a um novo Surge et ambula. Foi um segundo de emoção como nunca tinha vivido, como nunca mais poderei viver. Foi um momento. Lídia tornou a cair na sua cadeira como um triste farrapinho branco, numa crise de soluços que a sufocava; todos se levantaram para a socorrer. Eu fiquei a olhar para o mar, o mar impiedoso que guardava a sua presa, que se espreguiçava molemente como uma fera que tem sono. Não, meus senhores, os mortos não voltam. Se voltassem, haveria um que naquela noite teria voltado, quando o chamaram.

O Dr. X. calou-se. Atirou para o jardim o cigarro meio consumido, e ficou pensativo, a olhar o mar, com os olhos rasos de água.

O RESTO É PERFUME

— Nesta época dolorosa da minha vida — prosseguiu a minha amiga —, sabe você aonde vou buscar o mais benéfico consolo, o analgésico mais seguro contra estas crises que me assaltam de vez em quando, de repente, no meio de uma frase, de um riso, crises que me fazem lembrar um cobarde assalto, pelas costas, numa praça iluminada e cheia de gente?

A minha amiga, no terraço da sua linda casa, uma romântica casa, meio cottage, meio palacete, que dava para o mar, formulava-me esta estranha pergunta à queima-roupa, naquele ar de maliciosa seriedade que lhe era habitual e que lhe dava um tão estranho encanto.

Estávamos sós, naquela quente tarde de Agosto, face ao mar, abrigados do vento, que naquele pedaço de costa é quase constante, pelo toldo às riscas vermelhas e brancas que nos separavam do resto do mundo, comodamente estendidos em cómodas cadeiras de vime; à mão, em cima de uma elegante mesinha também de vime, um grande ramo de sécias, desgrenhadas e finas como crisântemos, o Bouddha Vivant de Mor and com a faca de marfim marcando a página interrompida, e a mancha verde, gritante, de um novelo de lã: o seu trabalho, o seu inseparável trabalho de crochet. Bastas vezes me tinha dado que pensar aquele seu eterno crochet, os velhos dedos sempre agitados numa lida incessante. Verão e Inverno, os seus íntimos não se lembravam de a ver um instante imóvel, estendida na sua cadeira, posição que, à primeira vista, pareceria calhar como uma luva àquela estranha e dolorosa imaginativa. Quem sabe? Talvez aquela incessante agitação dos dedos, que ela tinha brancos e delgados, de miudinhas unhas de bebé, lhe ajudasse a compor melhor as complicadas sinfonias das suas meditações, onde havia de tudo em afinado desconcerto, se a frase pode arriscar-se... — gritos de revolta, dulcíssimos gemidos, grotescas gargalhadas de escárnio.

Amodorrado pelo calor, e por esta indolência, por este desprendimento cheio de beatitude, por esta incapacidade de esforço intelectual ou físico que nos ataca às primeiras horas da tarde e depois de uma boa refeição, olhei para ela sem responder.

— Às palavras de um doido — rematou ela, simplesmente.

Desconcertante e bizarra, com ela nunca a gente sabia aonde iria parar; as suas premissas chegavam sempre a conclusões fantásticas; através dos seus argumentos, os factos chegavam-nos irreconhecíveis, tomavam as atitudes mais ambíguas, nas contorções do seu espírito escarnecedor e singular. Nela, parecia andar um Mark Twain de braço dado com um Edgar Poe.

Todos nós, que aqui estamos, conhecemos mulheres que em épocas dolorosas da sua vida procuraram um consolo, um analgésico, como ela dizia, na religião, esse maravilhoso unguento que faz sarar todas as chagas, no cumprimento do dever, o mais rígido, no amor, no sacrifício mesmo pelos seus ou pelos estranhos, na prática da caridade, na arte; mas uma mulher que se agarre, como à única tábua de salvação que a pode fazer boiar à tona de água, às palavras de um doido, qual de vocês conhece essa mulher? Pois bem, conheci-a eu, e vou dizer-lhes o que ela me disse, o que lhe ouvi e que nunca mais me esqueceu, naquelas primeiras horas de uma quente tarde de Agosto. Pode ser que a algum de vocês faça bem... Tudo é possível.

* * *

— Conheci-o numa pequena vila, nessa linda província alentejana que tão pouca gente conhece, onde toda a paisagem, em certas horas, toma ares extáticos de iluminados, onde a alma das coisas parece falar através da imobilidade das formas.

Era um velho muito alto, muito limpo, sempre muito bem vestido, com uma grande cabeleira branca ondulada, que ele tinha o costume de alisar de vez em quando, com a mão, quando falava. Era de boa família, de origem fidalga, dizia-se. O pai tinha aparecido ali, um belo dia, vindo não sei donde, e ali tinha morrido anos depois. Eu não cheguei a conhecê-lo, é claro. Lembro-me vagamente de um pormenor curioso acerca da sua vida: levantava-se ao escurecer e deitava-se só às primeiras horas do dia; fazia toda a sua vida de noite. Lia quase constantemente os poetas gregos e latinos; era muitíssimo culto e não falava com ninguém. O filho, bizarro como ele, caíra com a idade, a pouco e pouco, numa completa loucura; mas, muito calmo, muito doce, muito bem educado, não incomodando ninguém, deixaram-no à vontade, e ninguém o incomodava.

Eu fiz dele o meu único confidente, a minha grande afeição; ele era ao mesmo tempo o meu cão. o meu livro, a minha amiga íntima, o inseparável companheiro dos meus longos passeios solitários pela planície.

Caminhávamos horas a fio pelas estradas fora, calados, a olhar avidamente tudo o que nos cercava. A minha família, principalmente o meu pai, não se conformava com semelhante esquisitice, e a princípio lutou desesperadamente contra mais aquele disparate, aquela tola mania de fazer de um doido o meu maior amigo; mas, como já estava habituado às bizarrias do meu carácter e como eu, segundo eles diziam, não fazia nada como a outra gente, acabaram por me deixar em paz a mim e ao meu amigo doido. Nunca tive outro assim... e hoje, as suas palavras que eu evoco são, como já lhe disse, o meu mais benéfico consolo, o meu analgésico mais seguro contra as crises que me assaltam de vez em quando, no meio de uma frase ou de um riso.

Parece-me, se fechar os olhos, que foi ontem a última vez que o vi. As nossas conversas eram sempre um longo monólogo: ele falava, eu ouvia. Nunca li nos livros frases mais belas, ideias mais tragicamente consoladoras, de uma maior e mais elevada espiritualidade. A palavra dele era como a água: gotinha a cair numa raiz abrasada, regato que vai segredando profecias às ervas do chão, torrente impetuosa que tudo arrasta, que tudo leva à sua frente.

A planície estendia-se até aos confins do horizonte, de cambiantes inverosímeis. A estrada poeirenta, quase reta. Charnecas bravias, de um e doutro lado. Aqui e ali, a rara mancha escura de uns torrões lavrados que mais tarde fariam o grande sacrifício de, mortos à sede, darem pão. Sob a serenidade austera da minha terra alentejana, lateja uma força hercúlea, força que se revolve num espasmo, que quer criar e não pode. A tragédia daquele que tem gritos lá dentro e se sente asfixiado dentro de uma cova lôbrega; a amarga revolta de anjo caído, de quem tem dentro do peito um mundo e se julga digno, como um deus, de o elevar nos braços, acima da vida, e não poder e não ter forças para o erguer sequer! Ah, meu amigo! o génio que, com o grotesco vocabulário humano, pudesse fazer vibrar a nossa sensibilidade, estorcer os nossos nervos de encontro à trágica e mentirosa insensibilidade da minha dura terra alentejana! Nem Fialho, nem nenhum! Que mar alto de desolação e de força possante a perder de vista... e o Sol a abrasar tudo, incendiário sublime a deitar fogo a tudo! E quando a chuva cai!... O misto de inefável êxtase e de sofredora humildade com que a mísera e amarga erva rasteira recebe a água fresca do céu! Moisés no monte Sinai, recebendo as palavras divinas...

Outras vezes, íamos para o lado dos olivais, campos tão tristes, tão tristes, que toda a atmosfera parece impregnada de tristeza; até a luz é triste. Oliveiras salpicadas de cinza, sobre terras barrentas que parecem empapadas em sangue. Não se vê um vulto humano...

não se ouve uma voz… Tem-se a impressão de se estar fora do mundo e em comunicação com ele, dentro da vida e fora dela, no estranho e triunfal inebriamento de agitar perdidamente as asas no espaço e no profundo desânimo de as sentir presas ainda! A terra é tão triste, tão triste, que a gente até tinha pena de lhe pôr os pés em cima; nos nossos passos, ao pisá-la, arrastávamos o remorso e a dor de quem um dia escarneceu um pobre! As nossas mãos esboçavam sem querer o gesto de a levantar, de a erguer devagarinho até à altura dos nossos lábios; sentíamos uma profunda e dolorosa vergonha de a adivinharmos humilde e boa, pobrezinha a dar misericordiosamente todo o bem que tem, a despojar-se de todas as suas escassas galas de pobre envergonhado, inesgotavelmente, nas mãos abertas dos ricos soberbos.

Muitas vezes, confundíamos os arrastados crepúsculos de Verão com as claras noites de lua cheia. Estávamos longe; vínhamos para casa noite fechada. Na charneca, o luar inundava tudo, os rosmaninhos e os alecrins, as estevas e as urzes, todas as moitas sequiosas, que o bebiam como água límpida que um cântaro a transbordar entornasse lá do alto. Às vezes era tão branco, tão imaterial, de uma tão pura religiosidade, que a planície alagada fazia lembrar uma grande toalha de altar onde tivessem espalhado hóstias.

Nos olivais era ainda mais lindo. O meu amigo doido sorria apaziguado. O luar entrava sorrateiro, em bicos de pés, não fosse alguém pô-lo lá fora… E as árvores, as tristes oliveiras de há pouco?!…

Ao passar pelo meio delas, dava vontade de lhes perguntar: "E os vossos vestidinhos de burel cinzento? Que lhes fizeram, princesinhas de lenda?... Onde está o teu vestido e o teu negro capuz, Peau d'Ane? E o teu, Cendrillon?" Todas vestidas de prata, toucadas de diamantes, recamadas de opalas, turquesas e safiras, calçadas de brocado, com os pés num tapete tecido a fios de oiro semeado de rubis, são princesas, filhas de reis, belles au bois dormant à espera do Príncipe Encantado.

Quando estávamos cansados, ao cair da tarde, sentávamo-nos no tronco carcomido de uma oliveira, nas pedras de um muro esboroado ou em qualquer talude de estrada poeirenta. Ele estendia o braço para o horizonte longínquo que se diluía nas sombras do crepúsculo, alisava a sua longa cabeleira branca, e começava a falar. Eu, de mãos no regaço, imóvel, ouvia.

Uma tarde, em Abril, tínhamo-nos sentado no muro de uma propriedadezinha à beira da estrada, perto da minha casa. Lembro-me tão bem! Parece-me ver desenhar-se na minha frente, no cimo daquelas ondas, sempre as mesmas e sempre diferentes, o humilde décor: um muro, um lilás todo florido e, a animar a cena, ele e eu.

Naquele dia esteve sempre muito agitado, dir-se-ia que a fada Primavera não se tinha esquecido de trazer também para ele o seu quinhão de seiva a tumultuar que nos troncos velhos, como nos novos, quer subir e dar flores. Apesar de há muito estar habituada à sua esquisita maneira de se expressar, não entendi completamente o sentido das suas palavras, nessa tarde. Por muito tempo, não consegui adivinhar a razão porque as trazia gravadas no cérebro como misteriosos símbolos, palavras de encantamento e de magia a que só depois penetrei o sentido. Primeiro, foi preciso sofrer e chorar. Tinha de fazer delas, com o correr dos tempos, o meu estranho viático para as horas dolorosas; tinha de encerrar dentro delas todo o meu sentido da vida. O que durante anos inteiros procurara nas páginas dos livros, conseguira extrair de ideias condutoras no estudo das mais variadas filosofias, o que adivinhara em mim de misterioso e de grande, tudo o doido, no seu falar incoerente, conseguiu meter dentro daquele dulcíssimo crepúsculo de Abril.

O cenário, como vê, nada tinha de extraordinário: um muro, um lilás em flor, o horizonte a esbater-se nas cinzas abrasadas do crepúsculo... Vocês, os romancistas, precisam de muito mais... Pois bem! daquele muro, daquele lilás, com o horizonte, opala a fundir-se num largo oceano de sombras, por pano de fundo, fez o meu doido um grande tratado de Filosofia para uso das almas simples e sofredoras; com aquele pouco, compôs ele os dogmas da minha futura religião.

"Vês?" apontava ele para o horizonte longínquo. "Não, tu não podes ver!, à tua compreensão só pode chegar a perceção dos objetos que os teus misérrimos sentidos te apresentam e tal como eles te os apresentam. Lês isso em qualquer cartapácio de Filosofia.

O bom do Kant passou a vida a pregá-lo. O que os teus dedos tateiam são as ilusões dos teus olhos e dos teus ouvidos. Árvores! Que são árvores?... Pedras? Poeira? Que é isso? É o mundo!... E tu vês o mundo! Os homens criaram o mundo! De uma árvore fizeram uma floresta, de uma pedra um templo, deitaram-lhe por cima um pozinho de estrelas, e pronto... fizeram o mundo! E não há árvores, não há pedras e não há florestas, nem há templos, e as estrelas não existem. Não há nada, digo-te eu. Tu não sabes nada. Os mortos é que sabem. Os vivos chamam-lhes sombras. Os vivos metem as sombras dentro de um caixão, fecham-no à chave, pregam-no bem pregado, soldam-no, afundam-no na terra, muito fundo, e a sombra lá vai... fica o resto. São eles que por aí andam, são eles que tu sentes. Não há árvores, não há pedras, não há nada: há mortos. Os mortos é que fazem a vida; dentro dos túmulos não há nada. Eu queria agora dizer-te o que vejo, o que os mortos veem, mas não posso. As palavras não vão além do que tu vês e ouves; as palavras são túmulos: estão vazias. Olha", e apontava as primeiras estrelas que se acendiam na abóbada do céu, "aquilo são estrelas, dizem os homens... e porque não há de ser o pó doirado que tombou de uma grande asa de borboleta? Eu queria dizer-te agora o que é a vida dentro do mundo. Os mortos sabem. Eu sei. Os mortos poisaram as pontas das suas miríades de dedos sobre os meus olhos, enterraram-nos para dentro de mim, e mandaram-me ver... eu vi. Aparecem, de séculos a séculos, vivos que veem. Os homens chamam-lhes santos, profetas, artistas, iniciadores. Os homens escrevem em léguas e léguas de traços e borrões as suas histórias... e explicam-nos, comentam-nos, deciframnos! Oh, miséria, deixa-me rir!! Joana d'Arc... Pascal... Savonarola... João Huss... Vinci... Oh, miséria! Tu vives, mas não sabes a vida. Estes sabiam-na, mesmo com os olhos fechados, mas dentro da vida. Os outros mortos também a sabem. Olha", e, arrancando abruptamente um cacho de lilás, deu-mo a cheirar, "é perfume! A vida é este cacho de lilás... Mais nada... O resto é perfume..."

* * *

— O resto é perfume... — repetiu lentamente a minha amiga, olhando o mar que as primeiras velas sulcavam.

E, mãos no regaço, vi-a pela primeira vez imóvel, esquecida de mim e de tudo.

AS ORAÇÕES DE SOROR MARIA DA PUREZA

No mundo, era branca e loira; tinha quinze anos e chamava-se Maria. Morava numa grande casa cor-de-rosa que dia e noite espreitava para a estrada, através da espessa folhagem das frondosas tílias de um jardim. Mariazinha, branca e loira, tinha um namorado, e já havia um ano que lhe tinham dado licença para falar com ele às grades do jardim da sua casa cor-de-rosa. Já havia um ano. E a Mariazinha pouco mais era ainda que um bebé! Como o ano tinha passado depressa! E que estranho ano aquele, sem Inverno! Mariazinha nunca vira um ano assim, um ano que só tivera noites, trezentas e sessenta e cinco noites de Setembro, tépidas, cariciosas, luarentas. Dos dias não se lembrava, e Inverno não teve com certeza. Floriram as azáleas por acaso?... As magnólias da grande avenida cobriram o chão de neve, porventura? O velho jardineiro diz que sim. Mas que sabem os velhos jardineiros de estes anos estranhos, só com noites de Setembro?!

Mariazinha lembrava-se muito bem; era todas as noites a mesma coisa: o cascalho dos arruamentos a reluzir, como se alguma fada caprichosa tivesse andado por ali a atirar às mãos-cheias punhados de pequeninos sóis; as grades do jardim, ao fundo, onde se enlaçava a vinha virgem de folhagem de rubis que a mãe mandara arrancar mais de cem vezes, e que voltara sempre não sabiam donde, não sabiam como, a enlaçar as grades em mil inflexíveis abraços, que nem a morte podia quebrar.

E as beladonas! Tantas! Havia-as em todos os canteiros. Brotavam da terra, misteriosas e perfumadas, vestidas de seda cor-de-rosa, aqui e ali, por toda a parte, às vezes até nas ruas do jardim! Nas ruas... que escândalo! Comentava o gesto brutal do velho jardineiro, arrancando-as e atirando-as para o lado sem piedade. Coitadinhas!... Tantas! Sem uma folha: a haste direita e o palmito ao alto! Toda a seiva se desentranhou em cor e perfume. Elas, todas, apenas são corola e alma! E as beladonas, toda a gente sabe, só brotam da terra, misteriosas e perfumadas, vestidas de seda cor-de-rosa, em Setembro. O ano tivera pois trezentas e sessenta e cinco noites de Setembro...

Mariazinha lembrava-se muito bem: Tantas! Parecia um milagre! O namorado até se ria de ver tantas, tantas, todas as noites mais, como se andassem por baixo do chão em qualquer misteriosa tarefa e surgissem à noite, à flor da terra, a beberem o luar. «Qualquer dia nasce-te uma no peito, vais ver...», dizia ele a rir, encostado às grades onde a vinha virgem se enlaçava. Fora sempre Setembro. Mariazinha lembrava-se muito bem...

Pois naquele ano, quando o namorado a via aparecer ao longe, no umbral da porta envidraçada, descer os degraus de mármore do terraço, surgir na grande avenida do jardim em direção às grades, muito branca, muito leve, quase imaterial, o seu desejo era cair de joelhos, como a uma aparição, e rezar.

Mariazinha de quinze anos, quase um bebé, e já uma senhora! O oval alongado daquele rosto de madona, aquele olhar ingénuo de menina-donzela, os cabelos lisos, sem uma onda, a emoldurar-lhe de oiro a face branca, aquele seu ar refletido e tímido, todo aquele conjunto era de uma tal candura, de uma tal pureza que, ao vê-la, a primeira impressão de toda a gente era de piedade:

«Meu Deus, não lhe façam mal! Não lhe toquem... olhem que a desfolham...»

O namorado, encostado às grades onde a vinha virgem se enlaçava, via-a vir e sorria enlevado. Mariazinha de quinze anos, quase um bebé, e já uma senhora! Para os seus desiludidos trinta anos, ela era uma noiva-menina que Deus lhe dera para trazer ao colo. Via-a tão pura que não ousava estender a mão com medo que ela se esvaísse, via-a tão frágil que não se atrevia a tocar-lhe com receio que ela se esfolhasse... O seu cumprimento era todas as noites um sorriso. Mariazinha tão pura! Em vão o jardim voluptuoso multiplicava todas as suas seduções, desvendava todos os seus segredos numa febre ansiosa de tentar; em vão espalhava na noite luarenta todas as suas joias numa prodigalidade de avarento que, numa hora de demência, resolve atirar com todos os seus tesouros à rua; em vão queimava por ela todos os arómatas, em caçoilas de prata e urnas de cristal, no coração das flores. A vinha virgem agarrava-se com mais força, prendia mais os dedos, num espreguiçamento voluptuoso, lânguido e firme, doce e brutal, ao duro ferro das grades.

O vento sacudia a cabeleira solta das árvores, que no escuro ondeavam como jubas de feras. Mariazinha sorria. A sua carne era como a carne das rosas, que mesmo aos beijos do sol fica fria, A rubra e ardente poesia da noite sensual fazia realçar ainda mais a límpida candura da virgem. O namorado, encostado às grades, dizia-lhe:

«Quando te vejo vir ao longe, tenho vontade de te rezar: Ave-Maria, cheia de graça... Maria! Toda tu és luz e iluminas-me, toda tu és clarão e incendeias-me! Toda tu és expressão e alma imaterial; as tuas formas são espírito revestindo outro espírito, como um manto de rendas sobre um vestido de prata. O teu olhar é mais profundo que os teus olhos, a tua boca é mais pequenina que o teu riso. Tu não poisas os pés no chão, eu bem vejo como tu andas, Maria! Vens para mim, da escuridão da noite, num andor coberto de açucenas, como uma aparição, e as flores do jardim acorrem todas à tua passagem, recolhidas e graves, à beira do caminho, de mãos postas, rezando: Ave-maria, cheia de graça, como se passasse a procissão...!»

Mariazinha sorria calada, e o sorriso iluminava-a toda. junto à grade, o vestido era uma opala a desmaiar...

«Não dizes nada? Porque te calas? Não há ninguém que nos oiça! E quem nos entenderia?! As minhas palavras só podem ungir os teus ouvidos, óleo santo que os teus sentidos recolhem como um orvalho do céu. Gosto tanto de ti! O meu amor já veio comigo quando eu nasci, entrou-me no peito como uma pomba e lá fez o ninho! Na minha boca andou sempre o teu sorriso, nos meus olhos o teu olhar, e foram os teus pés, maravilhosas flores de brancura, que traçaram a pétalas o caminho para eu vir ter contigo. Andei anos a procurar-te e achei-te!

Procurar-te era achar-te já. Estavas comigo em espírito, divino espírito que se fez carne para me salvar! Maria!»

Mariazinha cruzava as mãos brancas no peito, num gesto brando, magoado e tímido; parecia uma andorinha que, ao cair da noite, no beiral onde tem o ninho, recolhe as asas apaziguada e contente.

«Porque te calas? Não dizes nada? Fechas os olhos como uma criancinha que quer dormir. Deixa-te estar assim, meu amor! Indigno sacrário que recolhe os teus gestos de beleza, só de joelhos devia ver-te sonhar. Indigno pecador, como foi que te mereci?! Para te pagar as horas inefáveis que das tuas mãos recebo, as horas de paz que deixas cair sobre o mundo, toda a minha alma em preces, de joelhos, de mãos postas, não é bastante, Maria! Por ti deixar-me-ia crucificar, as chagas das minhas mãos seriam purificadas pela fímbria do teu vestido. Estas grades de ferro defendem-te do hálito de toda a minha impureza, como as grades de prata que encerram, longínqua e puríssima, uma Virgem da minha terra. Não me atrevo a tocar-te: as minhas mãos seriam queimadas como as de um sacrílego. Para dizer as letras do teu nome, como quem passa as contas de um rosário, confesso primeiro os meus pecados para não blasfemar, Maria! Porque te calas? Tens medo da noite, meu amor?»

Mariazinha mexia os lábios como quem murmura mas não dizia nada. As mãozitas dobravam-se-lhe no regaço, como hastes que têm sede ao ardor do sol do meio-dia.

E todas as noites fora assim. Mariazinha lembrava-se muito bem. Todas as noites daquele ano em que não houvera Inverno, o namorado, encostado às grades, rezara a litania da sua puríssima paixão.

Mas um dia vieram dizer-lhe que ele tinha morrido. Morreu... pronto! Morreu. Foi só isto, Mariazinha. E depois? Depois... disseram-lhe, para a consolar, que ele tinha morrido como um herói, o corpo envolto na couraça, a cabeça cingida no elmo dos modernos cavaleiros andantes; que tinha o túmulo que merecera a sua grande alma ousada; que era preciso sacrificar, de vez em quando, o mais alto, o mais digno, para aplacar as cegas cóleras da Natureza a quem penetram os mistérios; que a bendita semente do exemplo era precisa no mundo, para não se colher só joio. Disseram-lhe ainda que a pátria apareceria mais alta tendo por pedestal o cadáver de um herói; que o seu audacioso e impávido coração de trinta anos era mais precioso imóvel e silencioso; que as suas fortes mãos de lutador, que domara e vencera os elementos e as forças más da Natureza, eram mais fortes na morte.

Mariazinha não percebeu nem tão-pouco disse nada. Encerrada em si mesma como num cofre selado, foi um túmulo fechado e mudo, onde as revoltas e os gritos, as censuras e as carícias iam despedaçar-se em vão.

À noite viam-na vaguear, horas e horas, sozinha, pelas ruas do jardim, sem se voltar, sem um gesto, sem um olhar de interesse pelas coisas que não via. Aproximava-se depois da grade onde a vinha virgem com os seus braços teimosos continuava a enlaçar os duros varões de ferro, e ali ficava horas esquecidas, pequenina estátua de mármore sobre um mausoléu, perdida num sonho que não era da Terra. Viam-na voltar mais frágil, mais embaciada, de uma palidez quase etérea. Instintivamente, procuravam-se-lhe as asas no seu corpito de ave que parecia ensaiar um voo. Os seus olhos tinham um olhar tão doce, tão desprendido das coisas deste mundo, que, sem querer, a gente procurava o sítio onde ela iria poisar.

O pai e a mãe inquietaram-se por fim. Interrogaram-na, e com lágrimas e súplicas pediram-lhe que falasse, que dissesse o que tinha, o que queria, o que queria que eles lhe dessem, que eles lhe fizessem para a prender na Terra. Tudo lhe fariam, tudo lhe dariam. Que ela pedisse tudo. Estavam prontos a fazer por ela todos os sacrifícios.

Foi então que a Mariazinha, noiva-menina de um noivo-morto, disse, pediu o que queria: queria ir para um convento.

«Isso não! Isso nunca!», clamaram os pais, numa revolta de toda a sua alma. Fora então para isso que a mãe a trouxera nas suas entranhas, que a alimentara aos seus peitos, que a embalara nos braços tantos anos! Fora então para isso que o pai lhe amparara os primeiros passos, que lhe arrancara do caminho todos os espinhos para ela passar! «Isso não! Isso nunca!»

Passaram dias, meses, passaram dois anos. O rosto miudinho era uma pétala de camélia, todo o corpito de ave um flocozinho de neve. Continuava a ir à grade onde ficava horas e horas a sorrir, de olhos baixos, com as mãos a tremer, num enleio de amor que não era deste mundo.

Um dia, vendo-a morrer assim aos poucos, os pais cederam de repente. Mariazinha, quando soube, chorou pela primeira vez e, encarando a mãe, com as lágrimas a correrem-lhe em fio pelas faces, balbuciou: «Coitadinha!»

Escolheram um convento de Toledo, onde a regra não era muito apertada nem muito severa. A mãe até tinha medo de a ver morrer no caminho. Levaram-na como quem acompanha uma filha morta ao túmulo onde há de ficar. E ela, perdida novamente na sua extática imobilidade de figurinha de cera, atravessou os fartos vales portugueses, os desolados campos de Castela, sem parecer ver nada à sua volta.

Chegou a Toledo numa manhã de chuva. A cidade, monástica e triste, parada na evolução dos séculos, tão curiosa com as suas ruas estreitas e tortuosas, os seus arcos, as suas escadinhas, o seu ar severo de monja, não lhe mereceu um olhar. Não a viu.

Ao separar-se da mãe, horas depois, repetiu apenas, a chorar, a mesma palavra que lhe viera aos lábios naquele dia em que soubera que entraria no convento:

«Coitadinha!»

Quando as grandes portas se cerraram, pesadas e tristes, por detrás do vulto doloroso da mãe, Mariazinha, noiva-menina de um noivo-morto, olhou em volta e sorriu.

Todo o tempo que durou o seu noviciado, foi a mais obediente, a mais humilde, a mais submissa de todas. As mestras não tinham palavras para lhe elogiar a doçura, a docilidade; e era tão profunda a paz que no seu redor irradiava, que a própria superiora, severa e ríspida, esboçava um eflúvio de sorriso quando a via passar, branca e frágil, pelos longos corredores escuros. Foi como se num sombrio convento de Toledo tivesse entrado, pela primeira vez, um raio de sol de Portugal.

E a Mariazinha passava os dias a sorrir e a murmurar às vezes umas palavras sem nexo, uma estranha toada de oração que ninguém entendia. Na cerca, gostava de se sentar num banco, sob um dossel de vinha virgem que há muitos anos se abraçava ao tronco carcomido de uma acácia velha. Contemplava-lhe as folhas, joias cravejadas de rubis, os dedos que se crispavam no tronco musgoso... e sorria enlevada, pendendo as mãos no regaço.

E assim passaram longos meses, e chegou o dia em que a Mariazinha professou. Sob o hábito, que lhe ficava tão bem como um vestido de noivado, tinha estranhas parecenças com uma Nossa Senhora do convento que, numa capelinha cheia de luz à direita do altar-mor, sorria a um menino que lhe estendia os braços.

Nessa noite, quando a Mariazinha entrou na solidão da sua cela branca e nua, quando se deitou na dura enxerga que devia ser até à morte o seu fofo leito de penas, quando a Mariazinha adormeceu, acordou Soror Maria da Pureza.

Soror Maria da Pureza parecia-se com a Mariazinha, com a noiva-menina de um noivo-morto, como duas gotas de água caídas da mesma fonte, como dois raios de Sol tombados na mesma flor, mas não era ela. Não, não era ela...

Pelos claustros, onde se ouvia sempre o gorjeio de um veiozinho de água que se perdia numa moita de lírios roxos no jardim abandonado, Soror Maria da Pureza sorria e falava.

As outras monjas ouviam-na, ficavam-se enlevadas a escutar:

«Porque me calo?» dizia ela. Ave-maria, cheia de graça... Se a minha luz te ilumina, se o meu clarão te incendeia, tu és o sol que se reflete em mim. As minhas formas foram criadas, assim imateriais, para que revestissem um espírito onde tu és amor e adoração, como um manto de rendas sobre um vestido de prata. Quando eu passo, as flores acorrem todas à beira do caminho, recolhidas e graves, de mãos postas, a incensar-me, para que eu seja toda pureza ao aproximar-me de ti. Ave-maria, cheia de graça!

Começou a correr com insistência no convento, entre as freiras e as educandas, que Soror Maria da Pureza compunha orações mais lindas, mais fervorosas que as orações de Santa Teresa. Todas as monjas corriam a ouvi-la quando no seu banco, onde a vinha virgem se enlaçava ao tronco carcomido de uma acácia que já não dava flores, balbuciava, sorrindo, com as diáfanas mãos em cruz no peito:

Sim, as tuas palavras só eu as posso entender, só podem ungir os meus ouvidos, óleo santo que os meus sentidos recolhem como um orvalho do céu. Amo-te e adoro-te. Quando nasci, também já nasceste comigo; foram os teus divinos passos, que eu ouvi quando fui ao teu encontro, que traçaram no chão esse caminho de flores. Se me encontraste foi porque eu te procurava, porque os meus braços em cruz se estendiam para a tua presença. Já estava contigo em espírito, espírito eleito, essência perfeita e invisível que se fez carne para me salvar!

As monjas decoravam as palavras que andavam já de boca em boca, que as mestras ensinavam às educandas, que eram rezadas por todas, aos pés dos altares, com o maior fervor e devoção.

Indigna pecadora, como foi que eu te mereci?! Indigno sacrário, onde misericordiosamente deixas cair o mel das tuas palavras de amor! Toda a minha alma em preces, de joelhos, de mãos postas, não é bastante para te pagar o bem que sobre mim desce das tuas mãos abertas, a altura a que me elevas, o êxtase em que vivo a esperar-te. Bendito sejas! Por ti, deixar-me-ia crucificar, o sangue das minhas chagas beijá-lo-ia para resgatar os meus pecados. Não tenho medo da noite, meu Amor: a noite é que te traz no seu manto estrelado. Não me atrevo a estender para ti as minhas mãos, teria receio de me queimar ao fogo abrasador do teu divino amor por mim. Tenho medo de blasfemar quando passam pelos meus lábios, como as contas de um rosário, as letras do teu nome; tenho medo de as não ungir com todo o fervor da minha devoção.

No convento cada vez se dizia com mais insistência que Soror Maria da Pureza era santa. Tinha êxtases e visões. Mal poisava os pés no chão, não comia, não se deitava. De noite, estendia os braços em cruz, e sorria. O velho capelão curvava-se reverente quando ela passava, quase imaterial, pelos corredores escuros. Tinha o andar baloiçado e sereno de quem caminha num andor em procissão. Resplandecia. Parecia feita de luz. Uma das pequeninas dizia ter visto a velha acácia que já não dava flores deixar cair pétalas no chão aos pés da vinha virgem, uma tarde em que Soror Maria da Pureza lá rezara uma oração.

E no plácido silêncio dos claustros, onde o gorjeio do veiozinho de água continuava a afagar os lírios roxos, no coro onde os vitrais transformavam como alquimistas o Sol em pedras preciosas, na cerca cheia de murmúrios e risos de passarinhos, na igreja onde a Nossa Senhora da capelinha cheia de luz continuava dia e noite a sorrir ao menino que lhe estendia os braços, no banco, sob o dossel da vinha virgem, por toda a parte, enfim, Soror Maria da Pureza, indiferente a tudo, cada vez mais exangue, mais frágil, mais luminosa, continuava a rezar as suas orações, que andavam de boca em boca e que eram mais lindas e mais fervorosas que as de Santa Teresa.

Orações de amor, sacrílegas, blasfemas orações de pecado, a um noivo-morto, rezadas num convento de Toledo, aos pés dos altares, por bocas puras, que estranhas orações de pecado!...

De pecado?... Não... que Soror Clara das Cinco Chagas, a severa e ríspida superiora, ao ouvi-las rezar um dia por uma das pequeninas na capela do Sagrado Coração, dissera suavemente, erguendo os olhos ao céu:

«Sagrado Coração do Senhor, ouvi-a!»

O SOBRENATURAL

Naquela noite de Inverno, num dos acanhados mas confortáveis gabinetezinhos do clube, eram seis a festejar uma data, uma data memorável e festiva que nenhum dos seis sabia ao certo qual era: três rapazes e três raparigas, destas a que o mundo, numa amarga e prazenteira ironia, costuma alcunhar «de vida fácil».

Os rapazes eram, três oficiais de marinha, três primeiros-tenentes. O mais velho, Castro Franco, um belo espécime de estoira-vergas que andava na vida sempre como se andasse embarcado: à mercê das ondas. Inteligentíssimo e muito culto, cheio de originalidade e de uma graça à parte, tinha na sociedade a má reputação que, não sei como, costumam fazer-se os seres verdadeiramente inteligentes e bons. Uns diziam que era um bêbedo, alguns morfinómano, outros devasso; os mais benevolentes chamavam-lhe maluco. Ele ria-se, e deixava correr. A propósito da sua má reputação, citava muitas vezes o conhecido provérbio árabe: os cães ladram... a caravana passa. E a caravana lá ia passando, por vezes no meio de latidos infernais. O outro, Paulo Freitas, rapaz elegante, loiro, sempre de monóculo, um grande amigo de Castro Franco, de quem era a sombra quer de dia quer de noite. Rapaz ordenado, metódico, prático, passava tormentos e gastava torrentes de saliva na missão que se propusera de fazer entrar o outro no bom caminho, como ele dizia. Inútil saliva e vãos tormentos! Castro Franco desnorteava-o; sempre vário, pitoresco, fantasista, só era imutável em três coisas: na variedade, no pitoresco e na fantasia. Não tinha horas de comer nem de dormir, não sabia o valor do dinheiro nem do tempo; deitava, às mãos-cheias, numa suprema e inútil prodigalidade, pela janela fora, o primeiro e o segundo. Era o castigo das ordenanças que andavam sempre atrás dele, à procura dele, a lembrar-lhe tudo, a puxar-lhe pela casaca a toda a hora. O outro, um belo rapaz moreno e forte, tipo peninsular, com uns soberbos olhos claros, cheios de profundeza e doçura, Mário de Meneses.

No gabinete, pequenino como um beliche, quente do fumo dos cigarros, do ardor das luzes e dos corpos, ninguém se entendia; falavam todos a um tempo, numa discussão que ameaçava eternizar-se.

Tinham acabado de cear. As garrafas de Porto entravam e por muito, com graves e pesadas responsabilidades, na exaltação e no impetuoso entusiasmo da discussão. A voz de duas das raparigas elevava-se, aguda e penetrante, acima do troar das vozes deles, como o ruído que numa estrada à beira-mar produzem as rodas de um carro de bois.

Só a Gatita Blanca não dizia nada. A Ga ti ta Blanca, vestida como sempre de duras sedas brancas, fixava os olhos verdes, oblíquos e semicerrados como o dos felinos, nas volutas azuladas do fumo do cigarro que tinha entre os dedos. Era o orgulho dos clubes onde se dignava aparecer, e o encanto e a loucura dos habitués. Viera ninguém sabia donde. Falava o espanhol na perfeição, o francês e o inglês sem o mais leve defeito de pronúncia. Aparecera em Lisboa um belo dia, sozinha. Os raros amantes que lhe tinham conhecido eram escolhidos por ela, selecionados com um requinte de gosto extraordinário, entre os mais belos rapazes da sociedade.

Todos exatamente o mesmo tipo de beleza masculina: rostos enérgicos, faces duras e secas, perfis de medalhas antigas, caras onde o buril do pensamento e da ação traçara os vincos imperecíveis que, na carne, são rastos de coisas mortas que foram sonhadas e vividas.

O clã indígena tecera logo as mais variadas lendas ao seu respeito. Foi sucessivamente filha de um duque, de um grande de Espanha, intratável e severo, a quem fugira uma noite de Inverno, na companhia de um mísero estudante plebeu a quem amava; uma freira belga fugida do seu convento de Bruges; uma princesa russa, talvez, quem sabe?... a própria princesa Anastácia, a própria filha do czar da Rússia... As fantasias deitaram-se à obra, e ei-las numa azáfama, digna de melhor objetivo, a bordar sem cessar as mais belas flores quiméricas na trama do aborrecimento e da banalidade alfacinhas. Puseram-lhe o nome de Gatita Blanca por andar sempre vestida de duras sedas brancas e ter os olhos verdes, oblíquos e semicerrados dos felinos. A Gatita Blanca sabia tudo, compreendia tudo embora falasse pouco; na inquietadora imobilidade das suas atitudes, tinha realmente um não sei quê, um vago ar de mistério que inquietava e dispunha mal.

A discussão eternizava-se. Mário de Meneses, irritado, nervoso, acendia os cigarros uns nos outros, mas não bebia. Os camaradas e as duas raparigas, cálices após cálices, iam esgotando as garrafas. Eram mais pastosas, mais aveludadas as vozes deles; mais melodiosas, menos agudas as das mulheres. Uma delas, estendida no divã, fazia já uns vagos gestos de bebé que se ajeita para dormir; a outra, com a cabeça encostada à mesa, metia os caracóis loiros num prato cheio de restos de perdiz.

A Gatita Blanca fumava sempre, sem uma palavra. Castro Franco, já bêbedo, queria à viva força que lhe dissessem o que era um burguês. Teimava, praguejava, insistia, largava a discussão, parecia ceder, para passados momentos voltar à mesma, numa obsessão de bêbedo, numa teima que nada fazia remover, que ninguém fazia calar. Queria por força saber o que era um burguês.

— Mas, afinal, vocês não me dizem o que é um burguês?

— É todo o homem que tem dinheiro —, disse a rapariga do divã, num ar sonolento, enfastiado, de quem quer fechar uma conversa que já lhe não interessa.

— Nada disso — respondeu Castro Franco, levando a mão ao bolso. — Eu tenho aqui dinheiro... Olha, é verdade! Tenho! — prosseguiu num ar admirativo de satisfação. — Eu tenho aqui dinheiro e... não sou um burguês.

— Um burguês é um homem que tem sono às nove horas da noite — proferiu a outra rapariga.

— Também não é. Quando estou três noites sem me deitar, tenho sempre sono às nove horas da noite. Às duas da madrugada é que me passa... — rematou Castro Franco, muito sério.

— *Je suis un affreux bourgeois* — gaguejou Paulo Freitas, sorvendo o seu décimo cálice de Porto.

Castro Franco voltou a cabeça para ele, e com um profundo desdém:

— Nem bêbedo é original, este animal.

— Rima — respondeu o outro, num ar de grande seriedade.

Foi então que, pela primeira vez, naquela noite, se ouviu, numa frase seguida, a voz da Gatita Blanca:

— Um burguês é todo o homem que ao menos uma vez na sua vida tenha tido medo. Medo — repetiu sublinhando a palavra—, não «susto». A vossa negregada língua tem tais subtilezas...

— Essa serve. A Gatita Blanca falou e falou bem — pontificou Castro Franco, muito solenemente, com a cabeça direita e o dedo muito espetado.

— *Je suis un affreux bourgeois* — disse, pela segunda vez, Paulo de Freitas.

Ninguém se dignou responder àquela gloriosa evocação de Vautel.

Mário de Meneses, mais aborrecido, mais irritado, a face torturada de tiques nervosos, acendeu o último cigarro, que deixou ficar em cima da mesa, levantou-se, dirigiu-se para a janela, onde ficou de pé a tamborilar com as pontas dos dedos nos vidros, onde a chuva traçava misteriosos sinais cabalísticos.

Toda a noite estivera maldisposto, sem saber porquê. Ficara assim logo .que entrara e dera com os olhos naquela mulher, que não conhecia, que apenas entrevira na véspera à porta do clube onde um amigo comum os tinha apresentado um ao outro. Não sabia a que atribuir aquele estranho mal-estar que o desnorteava, que o alheava de tudo, a ele de ordinário tão senhor de si, tão calmo e tão equilibrado. Parecia-lhe por vezes que já a tinha visto, que a conhecera mesmo intimamente, que a amara, talvez... e ao mesmo tempo, ao ouvir-lhe a voz, nas rápidas palavras que com ela trocara, obtivera a certeza, a irrefutável certeza que nunca a tinha encontrado. Mas nesse caso donde provinha aquele singular nervosismo, de que longínquos e estranhos mundos lhe vinha aquela estranha sensação, penetrante e bizarra, de já visto, de já conhecido? Agora, enquanto os dedos lhe continuavam maquinalmente a tamborilar, na vidraça que dava para a chuvosa noite de Dezembro, aquelas notas pueris e dolorosas do minuete de Boccherini que toda a noite lhe marulhara na cabeça, ouvia vagamente, como num sonho, o eco da discussão que se avivara subitamente, mais exaltada e mais acesa do que nunca. Afinal, que lhe importava a ele quem era, donde vinha e para onde ia aquela misteriosa cabotina?! Valia bem a pena estar a quebrar a cabeça! Tinha conhecido tantas! Sob tantos céus diferentes, em tantas terras que os seus pés vagabundos tinham pisado! Era evidente que não valia a pena cansar-se na resolução daquela charada, procurar em que dia, em que ano, em que segundo, aquela revolta cabeça frisada se lhe encostara ao peito, na rápida e frágil embriaguez dos seus prazeres de homem, em que porto do mundo aqueles olhos verdes, oblíquos, semicerrados como os dos felinos, o tinham fitado assim... assim...

Voltou-se. Os olhos da mulher estavam fixos nele, num olhar parado que o arrepiou.

Onde, mas onde vira ele, onde sentira ele aqueles olhos?!

A voz dela, que se elevou naquele mesmo segundo, interpelando-o, não lhe trouxe à ideia nenhuma voz ouvida.

— Então, Meneses, você não nos diz se já algum dia teve medo?...

Não, tinha a certeza, a irrefutável certeza que nunca em dias da sua vida ouvira aquela voz. Aquele tom grave, sereno, aquela inflexão arrastada, um pouco cantante, não respondia a nenhuma recordação, a nenhum eco do seu passado.

Deixou a janela, onde o frio, a chuva e a escuridão carregavam como um exército, vinham impetuosamente esmagar-se, num último assalto, de encontro a uma invencível fortaleza de luz e calor. Sentou-se e, numa súbita intuição, como um relâmpago que rapidamente lhe iluminasse a vida inteira, de repente, lembrou-se.

— Já tive medo.

Castro Franco endireitou-se no divã, e olhou-o com surpresa.

— Confesso humildemente que sou um affreux bourgeois, como diz ali o Paulo, repetiu Mário de Meneses num sorriso fugitivo que mais parecia um esgar.

A mulher que tinha a cabeça encostada à mesa, levantou-a, e olhou para ele com um olhar de incredulidade. A Gatita Blanca sorriu.

Mário de Meneses pousou o cotovelo em cima da mesa, encostou à mão a bela cabeça morena onde brilhavam inúmeros fios de prata, e começou:

— Tinha eu vinte e quatro anos e era guarda-marinha. Namorava naquele tempo uma rapariga que trazia a minha crédula mocidade presa ao encanto dos seus sorrisos e das suas levianas criancices. Essa rapariga era de Lisboa, morava aqui, mas, um belo dia, em pleno Inverno, por um capricho dos vários que lhe eram habituais, resolveu ir passar as férias do Natal com uma amiga que habitava uma quinta, um solar muito antigo, ali para os lados de Queluz. E lá foi no dia vinte e dois de Dezembro.

Eu, aborrecido, irritado pela malfadada ideia, recusei-me perentoriamente a ir vê-la. Mas, no dia vinte e quatro à tarde, sozinho, sem família, neurasténico, pus-me a evocar outros Natais, outros remotos Natais na minha província distante. Ah! O poder evocador de certas tardes, de certos momentos! A casa onde outrora, naquela noite, ardia na chaminé branca de neve o grande madeiro de azinho! Ouvi distintamente a voz longínqua e cansada de uma avó velhinha que, num crepúsculo cinzento de Inverno, fechava a porta que dava para o quintal, dizendo: "Vai cerrar-se a noite em água", enquanto o riso da minha mãe ecoava na sala de jantar, onde punham a mesa para a consoada. "Vai cerrar-se a noite em água." E, àquela frase, o madeiro de azinho crepitava mais alegremente na chaminé, o meu infantil egoísmo achava que era mais doce a sua luz e mais vivo o seu calor. Haveria chuva, frio e vento lá fora, pelos caminhos, mas depois da Missa do Galo haveria ali dentro, à chaminé, o madeiro de azinho a crepitar, e a meada de oiro e prata dos belos contos de fadas, que a avó sabia, desenrolar-se-ia numa milagrosa abundância, horas a fio.

Vozes queridas, vozes apagadas e mortas, como eu vos ouvi naquela tarde de Dezembro!

Era tal a minha tristeza e tão grande o meu desânimo que resolvi ir à quinta, ao tal solar, ver a rapariga. Assim fiz. Cheguei já bastante tarde. Escurecia. O sítio era lúgubre, uma cova húmida e frondosa que, à luz daquele crepúsculo e naquele estado de espírito, me pareceu sinistra. Ao fundo, mesmo ao fundo, a casa enorme de pedra escura, cercada de árvores enormes. Uma avenida muito comprida ia dar mesmo ao grande pátio, fechado por um amplo portão de ferro que uns molossos de granito, roídos de musgo, encimavam.

O homem que me acompanhava, bisonho e triste, não me disse uma palavra desde a estação até à casa, que me mostrou com um gesto. A minha opressão, o meu mal-estar eram cada vez maiores. Lembrava-me viver um conto de Dickens. Tive vontade de voltar para trás, de correr até à estação, meter-me num comboio, e voltar para Lisboa, mas lá consegui dominar-me e entrei. Felizmente, os donos do solar não o habitavam. A entrada fazia-se por ali, mas, do solar, apenas se atravessava um jardim que na escuridão me pareceu enorme, com grandes ruas ladeadas de murtas altíssimas, quase da minha altura. Aqui e ali, vultos brancos de estátuas em atitudes que me pareceram ameaçadoras; por toda a parte me apareciam, transformados em Fúrias, cabeças de Medusa, Saturnos devorando os filhos, monstros horríveis de faces contorcionadas — inofensivos mármores que, provavelmente às claras horas do dia, ostentariam as castas formas de Diana ou os voluptuosos espreguiçamentos de Ledas com cisne ou sem cisne. Dei um suspiro de alívio ao sair do labirinto das murtas e ao dar com os olhos na casa para onde um capricho tinha levado, em pleno Inverno, a minha caprichosa namorada.

Mário de Meneses fez uma pausa, bebeu uma gota de Porto do seu cálice intacto, e evitando fixar os olhos verdes da Gatita Blanca que sentia, pesados e insistentes, fixos nele, prosseguiu:

— Foi agradável o jantar; o serão, esplêndido. Conversou-se, dançou-se animadamente, e lembro-me até que, por duas vezes, a minha namorada tocou para mim, magistralmente, o pueril e doloroso minuete de Boccherini.

Chovia quando me encontrei novamente no sinistro jardim das murtas. Já não havia nenhum comboio para Lisboa. As conveniências, não permitindo que um rapaz de vinte e quatro anos dormisse debaixo do mesmo teto que abrigava os virginais sonhos da sua namorada, as mesmas conveniências pregavam comigo impiedosamente no solar, aonde ia passar o resto daquela noite.

Meus Natais, meus remotos Natais, cheios do riso traquinas da minha irmã e da voz longínqua e cansada da minha avó velhinha... "Vai cerrar-se a noite em água..." Aonde é que eles iam, onde estavam eles?!

Deixaram-me no meu quarto. Era uma hora da noite. Estava só, só naquele casarão enorme, no fundo daquela cova sinistra. Pareceu-me estar enterrado vivo, e sem esperanças de sair dali, de ver algum dia a luz do Sol. Num grande esforço de vontade, encolhi os ombros e consegui expulsar as ideias sombrias.

A chuva tinha parado; em compensação o vento redobrava de violência, gemia, assobiava, cantarolava, rugia. Nunca ouvi um vento assim. Encostei-me a uma das janelas desconjuntadas que o vento abanava furiosamente, e olhei. A noite não estava muito escura: via as árvores, lá fora, dobrarem-se quase até ao chão; pareciam supliciados, a quem mão impiedosa fustigasse, pedindo misericórdia. Arranquei-me àquele espetáculo, que não tinha nada de folgazão, e resolvi-me a passar revista aos meus domínios.

O quarto era enorme. A vela que me tinham deixado acesa, ardendo só de um lado, dava uma luzinha que o vento, entrando pelas largas frinchas das janelas, fazia dançar, ameaçando apagá-la de vez. A cama, no alto de um estrado, parecia um catafalco. Os reposteiros de damasco, de que já nem se conhecia a cor, roídos pelos ratos, pendiam lamentavelmente em frangalhos. O teto, que a luz da vela não iluminava, perdia-se em trevas profundas e insondáveis. Num recanto, entre a cama e a parede, uma escada com a balaustrada de madeira trabalhada, que descia não sei para que tenebrosos abismos. Resolvi ir ver. Queria dormir descansado. Com a vela na mão, desci meia dúzia de degraus, e achei-me numa grande sala, igual à primeira, mas toda de pedra, sem porta nem janela nem fresta. Uma casamata de fortaleza. Tornei a subir, abanei as duas grandes portas de carvalho maciço, tranquei o melhor que me foi possível as duas janelas, deitei-me, e apaguei a luz. Dei uma volta na cama, aconcheguei os cobertores, que a noite estava fria, e preparei-me para adormecer.

Mário de Meneses calou-se e circunvagou pelo gabinete um olhar estranho, um olhar de sonâmbulo, que se cruzou com a lâmina de aço de um olhar esverdeado que o fitava ardentemente.

As duas raparigas estavam agora sentadas no divã baixinho e, muito chegadas uma à outra, estreitamente enlaçadas, com os olhos muito abertos, olhavam vagamente adiante de si. Paulo Freitas dormitava encostado à parede, com o monóculo irrepreensivelmente entalado na pálpebra. Castro Franco continuava a beber, imperturbável.

— Quando principiava a dormir — prosseguiu —, naquele rápido instante de bem-estar que ainda não é sono mas que também já não é vigília, acordei bruscamente sobressaltado. Eu estava absolutamente tranquilo, encontrava-me na plena posse das minhas faculdades intelectuais, não estava obcecado por nenhuma ideia, e não tinha medo, ainda não tinha medo...

Ouvi fortes pancadas numa das maciças portas de carvalho; um arrepio percorreu-me todo, da cabeça aos pés. Tateei, debaixo do travesseiro, a caixa dos fósforos, sentei-me na cama, e peguei na arma que à cautela tinha deixado à cabeceira. As pancadas cessaram, e então, na solidão da casa enorme, ouvi, ouvi distintamente, naquele mesmo instante, um sussurro de sedas no meio do quarto e uns passinhos leves, muito leves, correndo pela sala... frr... frr...

Confesso que tive medo. Dei um grito. Os passos cessaram. Passou um bocado. O meu coração abalava-me desesperadamente as paredes do peito.

Eu continuava com .a mão enclavinhada na pistola. Arrepiado, risquei um fósforo; acendi a vela. O quarto enorme e escuro... Ninguém...

O vento continuava a uivar na noite de Dezembro a sua trágica sinfonia. Levantei-me e percorri o quarto todo; ergui os frangalhos dos reposteiros roídos; não houve recanto que não esquadrinhasse; bati as paredes: tudo pedra! As portas, inabaláveis; as janelas, intactas como as tinha deixado. Desci à casamata: nada! Tornei a subir e deitei-me. Os meus nervos eram como cordas de uma lira onde o pavor poisasse os dedos.

Esperei nas trevas... frr... frr... o mesmo ramalhar de sedas... os mesmos passinhos leves... frr... frr... de um lado para o outro no quarto...

De que estranhos mundos viriam, para me povoarem a solidão do quarto naquela noite de Natal, aqueles estranhos passos?... que alma envolveriam aquelas duras sedas a ramalhar?...

E, toda a noite, os mesmos passos leves, na mesma correria... frr... frr...

Mário de Meneses, a voz entrecortada pela emoção, calou-se. Fez-se um pesado silêncio, que ninguém rompeu. Instantes depois, em voz mais firme, prosseguiu:

— De manhã, mal rompeu a aurora, corri para a estação sem me despedir de ninguém, e só respirei em Lisboa. Tive medo.

A chuva continuava a fustigar implacavelmente as vidraças. A noite, transida de frio, espreitava para dentro e queria entrar, a aquecer-se, quem sabe?... Soaram buzinas de autos na avenida deserta.

Mário de Meneses calou-se de vez, levantou-se, e foi até ao divã erguer, num gesto muito doce, uma cabeça loira que, na inconsciência do sono, resvalara quase até ao chão. Todos os outros dormiam também.

Mário de Meneses, então, sentindo, inflexível, o olhar verde fito nele, cravou pela sua vez os olhos, altivamente, no olhar da mulher de branco. Ela endireitou-se, num brusco sobressalto de rins como um jaguar, poisou o cigarro e, nuns passinhos leves, muito leves, as duras sedas brancas ramalhando... frr... frr... dirigiu-se para ele. Imóvel, o coração opresso, esperou quase sem respirar. A mulher passou-lhe os braços nus, braços frios de estátua, em volta do pescoço e, num súbito gesto de quem vai morder, esmagou a boca de encontro à sua boca num grande beijo de amor.

Quanto tempo durou aquele beijo? Quanto tempo passou depois? Uma hora? Um segundo?... Mário de Meneses nunca o soube dizer. O tempo não é de todos os mundos; o sobrenatural não tem lógica nem limites.

Quando os dois rapazes acordaram, o cigarro perfumado acabava de se consumir no cinzeiro de cristal.

Paulo Freitas, espreguiçando-se, bocejando a ponto de quase desarticular os queixos, com o irrepreensível monóculo entalado na pálpebra, foi acordar com um beijo uma das raparigas. Castro Franco fez o mesmo à outra, depois de escorripichar um último cálice de Porto.

A Gatita Blanca, os olhos esverdeados semicerrados, a boca entreaberta num misterioso sorriso, esperava.

Então, Mário de Meneses, perante o olhar atónito dos dois camaradas e o assombro das raparigas, abriu a porta de repente e desapareceu...

E nunca se soube, nunca talvez se saberá a razão porque um homem desdenhara desassombradamente o seu invejado direito, cobiçado por uma cidade inteira, de se deitar, naquele resto de noite, entre os linhos e as rendas do sumptuoso leito da bela e misteriosa Gatita Blanca.

FONTE Dover, VTC Carrie
PAPEL Pólen Soft 80 g/m²
IMPRESSÃO Vozes